인생에 가장 가까운 것

The Nearest Thing to Life by James Wood
Copyright © James Wood 2015
All Rights Reserved.
Korean translation copyright © 2025
Korean translation rights are arranged with the author
c/o The Wylie Agency (UK) LTD through AMO Agency, Korea

이 책의 한국어판 저작권은 AMO에이전시를 통해
저작권자와 독점 계약한 도서출판 아를에 있습니다.
저작권법에 의해 한국 내에서 보호를 받는 저작물이므로
무단 전재와 무단 복제를 금합니다.

제임스 우드

인생에 가장 가까운 것

삶과 문학, 읽고 쓰기에 관한 네 번의 강의

노지양 옮김 · 신형철 해제

아를

C. D. M.에게

그리고 쉴라 그레이엄 우드(1927-2014)를
추억하며

- C. D. M.: 클레어 D. 메수드Claire D. Messud, 소설가이자 교수, 제임스 우드의 아내. 쉴라 그레이엄 우드Sheila Graham Wood: 제임스 우드의 어머니.

예술은 인생에 가장 가까운 것.
우리의 경험을 증폭시키고, 개인의 운명의 한계를
넘어 동료 인간의 삶과 맞닿게 한다.

– 조지 엘리엇, 〈독일 생활의 자연사〉

차례

해제
제임스 우드의 비평-퍼포먼스 ... 11

1. '왜'라는 질문 ... 27
2. 진지한 관찰 ... 71
3. 모든 것을 사용하기 ... 121
4. 세속적 실향 ... 163

감사의 말 ... 211
주 ... 213
찾아보기 ... 225

일러두기

- 이 책은 제임스 우드의 *The Nearest Thing to Life*(2015)를 한국어로 옮긴 것이다.
- 본문에서 원문의 주석은 숫자로 표시하고 후주 처리했다. 한국어판에 추가한 주석은 기호(•)로 표시하고 각주 처리했다.

해제

제임스 우드의 비평-퍼포먼스

신형철(문학평론가)

비평가 제임스 우드를 생각할 때 내가 먼저 떠올리는 건 이런 에피소드다. 그의 어떤 책은 123개의 작은 단장短章들로 분할돼 있어 독서에 방해가 되는데, 이건 그 책을 쓸 당시 두 아이가 어렸기 때문에 그가 밤에 한두 시간만 겨우 쓸 수 있었기 때문이라는 이야기. '오늘은 이 한 단락만 쓰자. 그러면 되는 거야.' 또 그 무렵 그와 그의 아내[1]는 상대방에게

---

[1] 소설가 클레어 메수드Claire Messud. 장편 *The Woman Upstairs*(2013)가 《나시 믿고 싶어》(메가북스, 2014)로 번역돼 있다.

원고 마감이 닥치면 선물을 주곤 했는데 그건 호텔 숙박권이었다는 것. '아이는 내가 돌볼게. 지금 당장 나가서 사흘 동안 글을 써.' 나도 그런 시절을 보내고 있어서 그에게 느끼는 친밀감이 있다. 그러나 그런 정도로 이런 일을 벌이진 않는다. 이를테면 이 책의 한국어판 출간이 성사되는 데 관여하고 이 해제까지 스스로 떠맡는 일 같은 것. 그것은 당연하게도 비평가로서 느끼는 친밀감 때문이다. 비평가들은 다 다르게 읽고, 다 다르게 쓴다. 그런데 그중 어떤 이가 읽고 쓰는 방식은 '오래 잊고 지낸 귀한 것을 다시 발견하는 듯한' 아늑한 기분을 느끼게 하고, (내가 어딘가에 쓴 표현을 다시 가져오자면) '그냥 잘 쓰고 싶은 게 아니라 바로 이 사람처럼 잘 쓰고 싶다'는 생각을 하게 한다. 내가 존경하는 몇몇 비평가들이 나의 '자아 이상ego ideal'(나를 평가하는 기준)으로 작동한다면, 우드는 나의 '이상적 자아 ideal ego'(되고 싶은 나)에 가깝다.

물론 그가 스물일곱 살에 《가디언》 수석 문학 비평가chief literary critic로 활동을 시작해 삼십 년 남짓 동안 성취한 것에 대해서까지 '친밀감'을 느낄 순 없다. 그는 지난 세기의 거물급 비평가들—20세기 전반기의 에드먼드 윌슨이나 라이오넬 트릴링, 후반기의 수전 손택이나 크리스토퍼 히친스 같은—과 나란히 거론될 수 있는 21세기의 거의 유일한 비평가다. 그들과는 달리 우드는 사상가/활동가적인 면모가 덜하고 또 활동 영역도 문학 비평에 한정돼 있지만, 그들만큼의 대표성을 가진 다른 인물은 사실상 없다. (손택은 우드의 첫 평론집에 추천사를 썼고, 히친스는 한 대담에서 우드를 '동시대 비평가 중 최고'로 꼽았다.) 우드의 글을 읽는 즐거움을 정확히 말할 수 있는 사람은 우드 자신뿐일 거라는 누군가의 말은 그럴듯하다. 그는 자신이 사랑하는 작가들에 관해 말할 때 거의 틀리는 법이 없는 분석적 찬미의 장인이기 때문이다. "그는 작은 물방울 같은 문장에서도 몇 리터의 의미를 추출하고, 그가 구사하는 비유는 그가 비평하는 책의 그것보다 더 뛰어날 때가 많으며, 그 열정은 강한 전염성이 있어서 독자를 '지적 에로티시즘'으로 이끈다."[2] 그러나 사람들이 비평가의 글(책)을 읽지 않는다는 것은 공공연한 비밀이다. 세 번만 읽게 해주겠다고 협박하는 이상한 지니가 있다면 당신은 우드를 다음과 같은 방식으로 세 번 읽어도 좋을 것이다.

첫 번째 읽기. 사람들이 비평가의 글을 읽는 드문 경우는 그게 싸움 구경이기도 할 때다. 우드의 개별 평문 중에서 〈히스테리컬 리얼리즘Hysterical Realism〉(2000)[3]이 가장 널리 읽힌 것도 그 때문일 것이다. 디킨스를 모방하면서도 그보다 훨씬 나쁜 길로 가고 있었던 (제이디 스미스를 중심으로 한) 일군의 작가들에 대한, 신랄하기보단 근심 어린 비판론이었다. 나는 이 글을 읽고 내가 왜 살만 루슈디의 소설을 견뎌내지 못하는지 알게 됐다. 내면을 가졌다기보단 그저 캐리커처일 뿐인 캐릭터들이 세포 분열하듯 쏟아지고, 사건이 마치 무한히 계속될 수 있

---

2 Sam Anderson, "How James Wood's 'How Fiction Works' Works", *New York Magazine*, Aug. 1, 2008. https://nymag.com/arts/books/reviews/48933/ (2025년 11월 26일 검색)

3 《뉴리퍼블릭》에 발표됐고 이후 두 번째 평론집 《무책임한 자아: 웃음과 소설에 관하여 The Irresponsible Self: On Laughter and the Novel》(2004)에 수록됐다.

을 것처럼 증식하는 '영구기관' 같은 소설. 방법론 차원에선 리얼리즘을 거부하는 게 아니라 오히려 그것을 혹사한다고 해야 할 정도로 리얼리즘의 관습을 적극 동원하는데도 정작 현실이 회피되고 있다는 아이러니한 느낌을 주는 소설. 수다는 현란하고 상상력은 폭발적이지만 마음을 건드리는 순간은 없고, 한 번 더 읽고 싶다는 생각이 전혀 들지 않는 공허한 소설. 그래서 그 모든 과잉과 활력이 실은 어떤 결핍과 무능을 감추기 위한 위장처럼 보인다는 점에서 '히스테리컬'하다고 해야 할 그런 소설들. 다행히 이 글은 제이디 스미스 자신의 진지한 응답을 끌어내면서 동시대 문학의 유전자에 대한 생산적인 토론으로 이어지게 됐다. 이제 우리는 우드가 선호하는 소설의 유형은 어떤 것인지 궁금해질 수밖에 없다.

두 번째 읽기. 〈히스테리컬 리얼리즘〉 같은 글을 여러 편 읽으면 독자는 한 비평가의 문학관을 종합적으로 재구성할 수 있지만, 그 수고스러운 작업을 비평가 스스로 해주면 일이 간단해진다. ㄱ의《소설은 어떻게 작동하는가》(2008, 이하《소설》)가 그런 책이다.[4] E. M. 포스터의《소설의 측면들》(1927)을 보완하고 웨인 부스의《소설의 수사학》(1961)을 개정하는 역할을 하는 책을 꼽는다면 가장 유력한 후보가 될 만한 이론적 기여다. 현대 소설에서 서술자, 내포저자, 실제저자의 관계는 미학적일 뿐만 아니라 윤리적이고 심지어 (우드도 잘 알고 있듯이) 종교적일 수도 있는 쟁점이다. 우드가 이 격전지로 진입할 때 사용하는 열쇠는 귀스타브 플로베르와 헨리 제임스가 개발하고 발전시킨 '자유간접화법'이다. "테드는 바보 같은 눈물 사이로 오케스트라를 쳐다보았다"(《소설》, 21쪽)에서 '바보 같은'은 서술자와 캐릭터 중 누구에게 귀속되는가. 서술자와 인물 사이에서 벌어지는 실권 다툼을 생산적인 방식으로 매개하는 이런 서술을 유려하게 구사하면 독자는 "인물에게 다가갔다가 인물에게서 멀어지며"(《소설》, 30쪽) 박동하는 문장의 묘미를 맛보게 된다. 서술의 기예는 '현대 소설'의 자기 입증

---

[4] 설준규·설연지 옮김, 창비, 2011.

이다. 일급의 소설가들이 소란과 허세 없이 이 일을 해낼 때 소설은 인간의 내면성에 대한 최선의 존중에 도달한다.

좋은 글(책)은 언제나 작은 문으로 들어가서 큰 문으로 나온다. 자유간접화법에 대한 설명으로 시작하는 《소설》이 디테일(4장)과 캐릭터(5장)에 대한 논의를 거쳐 결국 리얼리즘에 대한 비전(10장)으로 마무리되는 것처럼 말이다. 리얼리즘의 어떤 기교들은 관습 중의 관습이 됐고, 그래서 어떤 작가들은 리얼리즘이라는 이름을 관습 그 자체와 부주의하게 동일시하며 거부한다. 그 대신 실험적인(아니, 시험적인) 소설로 독자를 실험(아니, 시험)하거나, 서사 구축을 못 하는 게 아니라 안 하는 척하면서 어설픈 문장 연습을 하거나, 다른 텍스트로부터 가져온 발상과 인용으로 소설을 채우는 자신과 사랑에 빠진다. 관습적이라고 배척되는 세계 안에서 일급의 기예와 평범한 기술을 구별해내는 것이야말로 우드 같은 전문가의 일이다. 그는 '상업적 리얼리즘commercial realism'이라는 범주로 관습적인 리얼리즘 소설들—미끌미끌하게 흘러가면서 익숙한 현실의 환영을 만들어내는—을 한데 묶어버리고,[5] 최고 수준의 산문 예술가들에게서 리얼리즘의 본질을 정당하게 찾아낸다. 결국 그것은 삶의 진실들에 얼마나 가까워질 수 있는가의 문제다. 이때의 리얼리즘은 선택하거나 버려질 수 있는 무슨 장르 같은 게 아니다. "왜냐하면 이런 종류의 리얼리즘—삶다움lifeness—은 기원origin이기 때문이다."(《소설》, 250쪽)[6]

세 번째 읽기. 유일한 번역본이었던 《소설》로 우드에 입문한 독자들은 (빼어나긴 하지만 아무튼 이론서이기 때문에) 그의 매력을 제한적으로만 느끼게 된

---

[5] 팬들은 분개하겠지만, 예컨대 존 르 카레의 소설은 "관습의 시신을 담은 잘 만든 관"으로 평가절하된다. 한국어판(1쇄 기준)에서 이 대목은 관습의 '시신'이 아니라 '시선'으로 오식돼 있다(《소설》, 235쪽).

[6] 나는 우드가 자신의 소설관을 웅변하는 과정에서 '리얼리즘', '진실', '삶다움' 같은 말들을 사용하는 게 불가피하다고 여기면서도 불안하다. 이런 말들을 들으면 대뜸 그게 뭔지 안다고 믿는 이들이 우리 주변에도 많기 때문이다. 우드가 인용하는 버지니아 울프처럼(《소설》, 245-6쪽), '삶'이라는 관습적인 말에 정당한 불만을 품되 '삶'에 위험할 정도로 가까이 다가가는 일의 어려움과 위대함이 뭔지도 아는 것이 중요할 것이다.

해제

다. 그럴 때 비평가의 에세이나 강연록은 좋은 대안이 될 것이다. 《소설》에서 '삶다움'을 강조하던 중에 그는 이미 "예술은 삶에 가장 가까운 것"(《소설》, 244쪽)이라는 조지 엘리엇의 말을 인용했었는데, 그게 7년 뒤에 나온 《인생에 가장 가까운 것》(이하, 《인생》)의 제목으로 쓰였다. 1장은 기독교적 전통이 강한 서구에서 소설 읽기가 갖는 의미를 성찰한다. 유년 시절에 품게 되는 삶에 대한 의문을 (1장의 제목인) '왜?'라는 질문으로 함축할 수 있다면, 이 의문에 종교적으로 답하는 방식이 있고, 그것과의 긴장 속에서 소설은 자신의 답을 찾기 위해 여러 장치들을 개발했다는 것. 우드는 '[종교적] 형식form vs. [세속적] 순간instance(사례)'이라는 구도로 이를 요약하고 다채롭게 변주한다. 2장은 좋은 소설가의 핵심 역량을 (2장의 제목인) '진지한 관찰serious noticing'에서 찾는다.[7] 범상해 보이는 말이지만, 실은 '세부

---

[7] 'noticing'을 일단 '관찰'이라고 옮기되 좀 더 강한 뉘앙스인 '주목'이나 '포착' 등의 뜻도 염두에 두는 편이 좋겠다. 이 제목은 2019년에 출간된 그의 비평 선집 *Serious Noticing: selected essays 1997-2019*의 표제로도 사용됐다.

사항details'에 대한 지난 논의(《소설》, 4장)의 연장선상에서, 세부 사항에 대한 헌신이야말로 '삶을 전체화하는 모든 힘'으로부터 삶 그 자체를 구원하는 문학의 위대한 역량임을 주장하면서 1장의 논의를 심화하는 표현이다. (3장은 다음 단락을 위해 미뤄두자.) 이어 4장에서 우드는 근대 소설의 역사철학적 위치를 논의하기 위해 루카치가 채택한 '선험적 실향'이라는 표현을 비틀어, 우드 자신을 포함한 동시대인의 지리적 감수성을 '세속적 실향'이라는 말로 지칭하고, 이 렌즈로 탈식민주의 문학의 특정한 흐름을 맥락화한다.

《인생》의 모든 챕터가 중요하고 또 아름답지만, 그중 백미는 그의 비평관을 다룬 3장 '모든 것을 사용하기'라고 생각한다.[8] 나는 비평이 리뷰나 논문과 어떻게 다른지 충분히 의식하지 않는 (나를 포함한) 많은 비평가들에게 답답함을 느낀다. 리뷰는 어떤

---

[8] 이 3장은 이후에 수정 보완되어 비평 선집 《진지한 관찰》의 서론으로 재활용됐다. 자기가 무슨 일을 하는 사람인지를 설명하는 중요한 글이라고 생각했기 때문일 것이다.

작품이 향유할 가치가 있는지 없는지를 효율적으로 판단해주는 일이지만, 비평은 뛰어난 안목과 기예를 가진 이가 특정한 작품을 '일단 향유하기 시작하면' 작품이 어떻게 거듭나는지를 보여주는 일이다. 논문이 검증된 방법론과 논리적 절차들로 대상에 대한 객관적 인식을 산출하는 작업이라면, 비평은 어떤 강력한 주관성이 제 정신의 움직임과 사유의 퍼포먼스를, 그게 그 순간의 최선이기 때문에 미완성인 채로 밀고 나가는 작업이다. 여기까지는 나의 평범한 구별법이고, 이제 우드의 독창적인 설명을 듣자. 그는 자신이 하는 일을 (특히 학자의 그것과 구별하기 위해) '작가의 비평 writer's criticism'이라 부른다. '작가의 비평'이란 '작가적 비평 writerly criticism'이다. 작가가 동료 작가의 작품을 읽을 때 관심을 가질 법한, 작품의 미학적 특질을 감수感受하고 또 평가할 줄 아는 비평이고, 작가의 특권적 기술인 비유적 언어를 거리낌 없이 사용하여 스스로 문학이 되는 데 주저함이 없는 비평이다. 3장은 동시대 비평가가 작가적 비평의 전통에서 취할 만한 몇 가지 원리를 설명하는 데 할애돼 있다.

첫째, **모든 것을 사용하기**. 토머스 드 퀸시는 《맥베스》의 한 장면에 대해 품은 비평적 의문을, 런던에서 유사한 살인 사건이 발생했을 때 비로소 해결한 경험을 글로 쓴 적이 있다.[9] 작가적 비평가는 (이론만이 아니라) 삶에서 가용할 수 있는 모든 것을 사용해 작품과 만난다. 둘째, **재-서술**re-description 혹은 **재-발성**re-voicing. 일반적으로 패러프레이즈, 즉 작품의 줄거리를 풀어 말하는 것은 무의미하거나 게으른 일로 간주되지만, 뛰어난 비평가가 그 일을 할 때 그는 작품의 마디마디에 미묘한 해석학적 개입을 수행하기 때문에 독자는 자신이 읽었던 것과 전혀 다른 무언가를 최초로 읽는 듯한 기분에 빠진다. 셋째, **텍스트를 통과하는 글쓰기**. 앞의 작업을 할 때 문학 비평가는 자신이 다루고 있는 대상과 동일한 매체를 사용한다는 '특권'(150쪽)을 적극적으로 누려야 한다. 풍요로운 수사修辭가 작동하는 우드의 글이 그렇듯이, 그것은 '책에 대한about 글쓰기'가

---

9 이 글의 한국어판은 《예술 분과로서의 살인》(워크룸프레스, 2014)에 〈《맥베스》에서 문 두드리는 소리〉라는 제목으로 수록돼 있다.

해제

아니라 '책을 통과하는through 글쓰기'(150쪽)가 된다.[10] 넷째, **비전의 동일성**. 훌륭한 비평가는 독자로 하여금 비평가가 읽은 책만이 아니라 비평가의 경험까지를 읽게 한다. 아니, 그 경험을 경험하게 한다. 비평은 은유적 동일시를 촉발하는 활동이고, 비평가와 독자는 일시적으로 일체화된다.[11] 이상의 원리들을 구현한 비평 활동을 그가 '공연performance'

[10] 같은 얘길 내 식대로 적어본 오래된 버전이 있다. "영화 평론은 영화가 될 수 없고 음악 평론은 음악이 될 수 없지만 문학 평론은 문학이 될 수 있다. 문학 평론이 가장 위대하다는 얘기를 하려는 게 아니다. 문학 평론은 그만큼 특수하다는 얘기다. '뭔가'에 들러붙어서 바로 그 '뭔가'가 되는 유일한 글쓰기다." 《느낌의 공동체》, 문학동네, 2012, 306쪽.

[11] 특히 이 네 번째 항목은 오해의 소지가 있어서 주의 깊게 다루어져야 할 것이다. 비평은 "독자가 작품에 대해 자신과 비슷한 견해를 갖도록 유도하는 일"(155쪽)이라는 우드의 주장은, 비평이란 텍스트를 비판하면서 독자를 계몽하는 일이라고 믿는 이들의 관점과는 놀랍도록 다르다. 여기에서 '비판'이란 좁은 의미의 비판, 즉 흠잡기를 뜻하는 게 아니라, 넓은 의미의 비판, 즉 마르크스와 프로이트의 전통 이래로 텍스트 읽기의 가장 전문적이고 생산적인 방법으로 간주되어온, 텍스트의 증상symptom을 발견하는 방법으로서의 비판critique을 가리킨다. 우드가 그런 읽기를 부정하는 것은 전혀 아니다. 《진지한 관찰》의 서문에서 그는 비판으로서의 읽기(그는 '해체적 읽기'라고 부르지만)가 갖는 생산적 가치를 높이 평가하되, 그 독법이 언제나 텍스트가 '실패'하기를 기대하는 것처럼 보인다는 말로 그 편향과 한계를 지적하고, 다른 길도 필요하다는 점을 정당하게 제안하고 있다. 비판적 읽기가 근래 처한 곤경과 한계에 대해 반성을 요청하는 것이 소위 포스트크리틱postcritique 논의이고, 이런 맥락 속에서 우드의 독법이 가진 의의와 약점을 따져보는 일도 가능일 것이다. 이 작업은 다른 곳에서 시도해보기로 한다.

이라고 부르는 것은 그럴듯해 보인다.

그래서 우리는 공연한다. 돌고래처럼, 우리에게 영양을 공급하는 요소 속에서 헤엄치고 있다는 사실에 기뻐하며, 작품에 밀착한 공연을 한다. 우리의 산문으로 우리가 재발성하고 있는 예술 작품과 연결된다. 비유를 바꾸어 말하자면, 미술·음악·무용 평론가는 배 앞부분에 부자연스럽고 약간 어색하게 올라타야 하지만, 우리는 가장 자연스러운 방식으로 배의 옆이나 중앙에 이상적으로 승선한다. 우리는 읽히기를 기대하며 쓴다. 엘리엇이 〈번트 노튼Burnt Norton〉에서 묘사한, '바라보여지는 그대로의 모습을 가진that had the look of flowers that are looked at' 장미 같은 글을 쓴다.[12]

이로써 비평가의 글이 드물게 읽히는 세 경우를 다 말했지만, 네 번째를 덧붙이자면 못 할 것도 없다. 그건 비평가가 선집을 출간할 때다. 기왕의 글 중 베스트를 뽑아 한 권에 모아주면 이젠 읽을 때가 됐다는 생각이 들기도 하는 것이다. 우드도 그런 유혹을 했다. 비평 선집 《진지한 관찰》(2019)은 500쪽에 이르는 두꺼운 책으로, 《인생》에 수록된 글을 빼더라도, 우리는 스무 편이 넘는 글을 더 읽을 수 있다. 나는 우드의 잘 정제된 얇은 단행본들(《소설》, 《인생》)을 아끼지만, 개별 작품을 거의 애무하듯 집요하게 파고드는 그의 우아하고 박력 있는 글을, 아니 '공연'을 더 흠모한다. 《인생》의 3장을 끝낼 때 우드가 피아니스트 알프레드 브렌델의 사례를 제시했던 것을 기억한다. 그 피아니스트는 명곡 해설 강연을 하는 와중에 특정 대목을 직접 연주하면서 인용했는데, 우드에게는 브렌델의 지루한 해설보단 그 창조적 인용의 순간이야말로 중요

---

12 《인생》의 3장이 《진지한 관찰》의 서문으로 수록될 때 덧붙여진 대목 중 하나다. 적절한 위치인 것 같아 여기 옮긴다. *Serious Noticing*, p. 9. 다만 마지막 문장은 의미가 모호하다는 점을 덧붙여두어야 하겠다. 엘리엇의 구절은 (이처럼 독립된 채로 읽힐 경우엔) '누가 보느냐에 따라 그 모습이 달라지는 꽃'이 있다는 뜻이 되고 이는 '어떤 존재도 그걸 보는 이의 의식과 분리될 수 없다'는 식의 철학적 번안이 가능해 보인다. 우드의 논지가 비평을 통해 비평가와 독자가 '동일성sameness'에 이른다는 것임은 이미 본 대로인데, 우드의 문맥에선 그 동일화의 주도권이 비평가 쪽에 있는 데 반해, 엘리엇의 구절에선 그게 독자 쪽에 있어 보인다는 점에서 이 인용의 효력이 불확실해졌다. 비평의 존재론을 말하기 위해 인용한 구절 자체가 비평적 토론의 대상이 된 흥미로운 사례라고 해야 할까.

하게 느껴졌다고, 그러니까 그게 일종의 비평처럼 느껴졌다고 했던가. "창조 없이는 인용하지 못하는 그의 무능력을 텍스트를 통과하는 글쓰기, 비평인 동시에 재서술인 비평을 대표하는 것으로 생각해 보자."(162쪽) 그는 비평 선집의 서문에서도 저 사례를 인용하며 글을 마무리하는데, 거기서 《인생》엔 없는 딱 한 구절을 덧붙였고, 그건 다음과 같다.

"들어보세요, 이제 당신을 위해 내가 피아노를 연주할 테니."

1
'왜'라는 질문

Why?

I

최근에 나는 얼굴 한 번 본 적 없었던 사람의 추도식에 다녀왔다. 그는 내 친구의 남동생으로 어느 날 갑자기, 한창나이에, 아내와 어린 두 딸을 남겨두고 세상을 떠났다. 추도식 순서지에는 그의 사진이 박혀 있고 그 아래에는 출생과 사망 연도(1968-2012)가 적혀 있었다. 그는 어이없을 정도로 젊었고 생명력으로 가득했으며 햇살 때문에 눈을 약간 찡그리고 입꼬리를 살짝 올린 표정이 마치 누군가의 농담에 웃기 직전의 얼굴 같았다. 슬프고 잔인한 방식이긴 해도, 그의 이른 죽음은 그의 짧은 생애 중 가장 주목할 만한 사건이자 비범하고 영웅적인 사실처럼 보이기도 했다. 죽음 이외의 나머지는 적당히 즐겁고 평범했던 일상의 연속으로, 여러 연사들의 증언에 따르면 그랬다. 메인강에서 배를 타고 가다가 강으로 뛰어내렸던 그가 있다. 어린 시절 두 사촌과 장난기 가득한 얼굴로 통나무집 안에서 밖을 내다보며 놀던 그가 있다. 이탈리아에서 잠깐 살았고 여자들에게 말 걸면서 이탈리아어를 배웠던 그가 있다. 재치 있는 농담으로 남들을 잘 웃겨줬던 그가 있다. 화통한 성격과 호쾌한 웃음으로 사람들 사이에서 존재감이 남달랐던 그가 있다. 추도식이라는 것이 늘 그렇듯이 연사들은 인생의 사소하고 진부하면서 아름다운 순간들을 어떻게든 확대하고 붙들어 1968년과 2012년 사이를 채우려고 했는데, 그래야 추도식을 마치고 다 같이 교회를 나섰을 때 그가 태어난 날이나 죽은 날이 아닌 그 사이의 셀 수 없는 시간을 생각하며 집으로 돌아갈 수 있을 것이기 때문이었다.

한발 멀리 떨어져 어떤 사람의 일대기를 볼 수 있다는 것, 일생을 시작부터 끝까지 자세히 탐색한다는 것은 드물게 주어지는, 어떻게 보면 부자연스

'왜'라는 질문

럽다고까지 할 만한 특혜라고 할 수 있다. 한 인간의 생애 탐구는 누군가 위에서 아래로 내려다보듯이 독단적이거나 고압적이며 **주제넘은** 일처럼 보인다. 시작이 있으면 끝이 있다는 불가피한 사실에는 신성불가침의 힘이 있고, 그 힘의 오만함에 비한다면 비통함은 가냘픈 주장조차 펼칠 능력이 없는 것 같다. 우리는 이러한 전지전능함이 못내 불편하다. 우리 자신의 삶을 대할 때 그런 전지전능함을 갖고 있지 않을뿐더러 다른 사람의 삶을 바라볼 때에도 전능한 태도로 내려다보려고 하지는 않는다.

하지만 이렇게 인생 전체를 볼 수 있는 능력이 신적인 것이라면, 이 능력 안에는 신에 대한 반항심까지 담겨 있어서 반란이 시작되기도 한다. 하나의 인생이 일기장 몇 페이지처럼 납작하게 채록되어 완결되어버리면 그 인생은 작고 압축된 무언가가 되어버린다. 그저 하나의 인생, 수백만 개 중에 하나, 다른 모든 사람들의 삶처럼 임의적인 삶, 이름을 잠시 빌려왔으나 곧 이름이 사라져버릴 삶이 되고 공포 속에서 그 이름 없는 인생이 몇 세대 지나지 않아 깡그리 잊히고 말 것이며 우리의 인생도 그렇게 될 것이라는 사실을 자각한다. 신을 연기하는 바로 그 순간, 우리는 또한 신에게 저항하면서 손에 들린 대본을 내던지고 드라마의 문법을 거부한다. 존재의 무의미함과 덧없음에 오싹해하면서 말이다. 인간의 죽음은 다음과 같은 최초의 질문을 낳는다. "도대체 왜?" 하지만 죽음은 이 질문에 대한 대답을 모두 죽여버리기도 한다. 이 최초의 질문, 즉 어린아이가 생명은 언제라도 빼앗길 수 있는 유한한 것임을 깨달았을 때 중얼거렸던 이 단어가 아무리 세월이 흘러도 그 깊이나 어조나 분위기의 변화 하나 없이 그대로 유지된다는 점은 또 얼마나 놀라운가. 이 질문은 인간이 던지는 최초의 질문이자 마지막 질문이고 우리는 여섯 살 꼬마 때나 예순 살 노인일 때나 똑같이 헤아릴 수 없는 슬픔과 분노 속에서, 도무지 이해할 수 없다는 표정으로 묻고 있는 것이다. 사람은 왜 죽을까? 이렇게 죽어버린다면 굳이 왜 살아야 할까? 인생의 의미라는 게 있나? 우리는 왜 여기에 있나? 블랑쇼는 한 에세이에서 '이해'라는 단어가 도무지 출석할 생각이 없는 이 상황에서의 망연자실한 심정을 이렇게 전달한다. "각각의 사람은 죽는다. 하지만 모두가 살아 있다. 이는 곧 모두가 죽었다는 뜻이기도 하다."[1]

왜?라는 질문. 이는 죽음을 받아들이고 싶지 않아서 던지는 질문이며, 따라서 신정론적인 질문이다. 이는 신학과 형이상학의 긴 역사 안에서 되풀이되었던 질문으로, 신정론이 이미 답을 주었다고, 아니, 대답을 하긴 했다고 말할 수 있을 것이다. 신정론神正論이란 인생의 고통과 무의미를 전지전능하고 선한 신이라는 개념과 화해시키려는 시도에서 비롯된 공식 용어로 가끔은 기발하거나 교묘하고, 대체로 암울하나 필요하긴 하며, 엄숙하면서도 상투적인 프로젝트다. 신학적 정당성이라는 뭉개진 나사를 돌려보는 방법에는 여러 가지가 있다. 아우구스티누스의 자유의지론에서 영지주의Gnosticism* 이단까지, 욥에 대한 하느님의 엄숙한 꾸짖음**(조용히 입을 다물고 형언할 수 없는 나의 전능함을 깨닫

• 초기 기독교 시대에 출현해 이단으로 취급받은 종교 사상. 바빌론의 점성술, 이란의 이원론, 헬레니즘의 종교 혼합주의, 신비주의 등을 받아들였다.
•• 〈욥기〉 38장 1절ㅡ42장 6절. 하느님과 욥의 대화.

도록 하여라)에서 **왜?**라는 질문에 대한 답은 그리스도의 사랑을 통해서만 가능하다는 것을 알료샤가 형에게 건넨 입맞춤*과 조시마 장로의 성스러움으로 구현해낸 도스토옙스키의 깨달음까지. 하지만 이는 문학적, 신학적 전통에 속하는 해설일 뿐이다. 매일매일 우리의 일상생활 속에서, 위대한 성경이나 고전 문학과는 전혀 거리가 먼 곳에서, 누군가는 신정론적인 질문을 하고 있고 또 누군가는 신정론적인 답변을 한다. 이 세상의 수많은 부모들이 상처 주고 싶지 않은 마음에, 절망 속에서도 낙관을 끌어내기 위해, 평정심을 가장하여 자녀들에게 이렇게 대답한다. 어쩌면 그 사람은 하늘나라에 있을지 몰라, **하느님의 뜻은 우리의 뜻과 다르단다. 솔직히 왜 이런 일이 일어나는지 엄마 아빠도 모르겠구나.** 신정론의 질문이 한 인간의 생애 동안 변하지 않는다고 한다면, 신정론의 대답 또한 3000년 동

---

* 무신론자인 이반이 수도사가 되려는 동생 알료샤에게 들려준 '대심문관' 이야기에서 예수가 대심문관에게 입을 맞추었던 것처럼 알료샤도 그 이야기를 마친 이반에게 입을 맞춘다.《카라마조프가의 형제들》의 〈대심문관〉 장은 이 소설의 정점이자 세계 문학사에서 가장 유명한 장면 중 하나로 손꼽힌다.

안 본질적으로는 바뀌지 않았다. 욥의 애끓는 질문에 대한 하느님의 대답은 막내딸 애니의 간절한 물음에 **"그만 조용히 하고 방에 가서 책이나 읽어"**라고 말한 부모의 답만큼이나 별 도움이 안 된다. 우리는 모두 여전히 이 질문 안에서 살고 있으며, 어설픈 답을 더듬거리며 살아가고 있는 것이다.

내가 어렸을 때 **왜**라는 질문은 예민하면서도 종교적인 색채를 띠는 것이었다. 나는 지적이면서도 종교적인 가정 환경에서 자랐는데 어린 시절부터 지적 호기심과 종교적 호기심이 항상 사이 좋은 짝은 아니라는 것을 어렴풋이 짐작하고 있었다. 나의 아버지는 더럼 대학교의 동물학 교수였고 어머니는 여학교 교사였다. 두 분 모두 독실한 기독교인이었고 특히 어머니는 장로교와 복음주의 신앙에 뿌리를 둔 스코틀랜드 집안 출신이었다. 성경 말씀은 우리 집안에서 숨 쉬는 공기처럼 떠다녔다. 아버지는 내가 처음으로 여자 친구와 교제하자 "덕과 거리가 멀다unedifying"라고 평했다. (이 비인간적이고 키르케고르적인 의견˚을 전하기 위해 아버지는 일부러 아들과 눈을 마주치지 않을 수 있는 자동차라는 장소를 선택해 기습 공격을 했다.) 우리 집에선 '행운good luck'이라는 다소 의심스럽고 세속적인 표현 대신 신의 섭리가 더 느껴지는 '축복blessing'이 권장되었다. 학교 시험 점수가 높아도 축복이고 음악에 재능이 있어도 축복이고 좋은 친구가 있어도, 아, 교회에 다니는 것도 축복이었다. 나의 지저분한 방은 어머니의 표현에 따르면 '청지기 정신의 부족poor stewardship'을 뜻했고 더러운 빨랫감은 왜인지 모르겠지만 하느님의 뜻에서 멀어지는 것이었다.

한번은 어머니에게 하느님이 어디에서 왔냐고 묻자 어머니는 결혼반지를 보여주면서, 이 반지처럼 하느님은 시작도 끝도 없는 분이라고 말해주었다(사실은 그 반지도 누군가가 만든 게 아니냐고 묻고 싶었지만 가까스로 참았다). 아버지에게 기근과 지진에 대해 물으면 아버지는 정확한 답을 주려고 노력했는데 전자는 정책에 실패한 정치가들의 책임이며, 후자는 지반이 불안정한 지역에서 계속 살아

• 키르케고르의 유신론적 실존주의를 말한다. 절대적 신의 존재와 개인의 신앙 경험을 중심으로 인간의 존재 의미를 탐구한다.

가야 하는 문제 때문이라고 말해주었다. 글쎄다. 가난이나 전염병 정도는 그 정도로 설명할 수 있다고 쳐도 암이나 정신적, 신체적 장애나 비극적인 사고나 아직 마흔넷밖에 안 된 친구 동생을 죽음으로 몰고 간 바이러스 공격은 어떻게 설명해야 할까? 왜 세상에는 **이렇게나 많은** 고통이 있고 **이렇게나 많은** 죽음이 있을까? 나는 부모님으로부터 하느님의 뜻은 너무 심오하여 헤아릴 수 없다는 말을 들었고 이해할 수 없는 섭리 앞에서 욥과 같은 순종적인 태도를 길러야 한다는 말도 들었다. 하지만 욥은 성자나 인내의 달인이 되기 전에는 불평과 탄식을 계속 늘어놓던 불평쟁이였다. 나는 내 유년기의 질문이 형이상학적 불평이라는 상태에 영원히 갇혀버린 건 아닐까 두렵다.

내가 어린 시절부터 유독 죽음을 예민하게 받아들인 이유가 있다. 우리 교회 신도 두 명이 이른 나이에 암으로 돌아가셨고 그중 한 명은 싱글맘이었으며 그녀의 아이들이 나와 자주 놀던 친구들이었기 때문이다. 우리는 모두 열심히 기도했고 기도는 응답받지 못했으며 부모님은 "하느님이 천국에서 커라 부인과 함께 계시고 싶어 부르신 것"이라고 말했다. 나는 정신적으로 혼미한 가운데 하느님은 우리의 기도를 들어주지 않는 방식으로 기도를 들어주는 분일지도 모른다고 생각했다.

우리 집에서 질문은 일정 지점까지는 환영받았지만 반항의 기운이 느껴지기 시작하면 곧바로 제지당했다. 욥은 에이허브 선장이 될 수 없었다.* 이러한 편협하고 제한적인 분위기는 공식적인 지식이 비밀스럽고 불가사의하고 베일에 가려져 있을 거라는 나의 직감과 맞물렸다. 우리는 왜 이런 일이 일어나는지 모르지만, **어딘가의 누군가는 답을 알고 있으며** 황금 열쇠를 감추고 있을 거라는 느낌 때문이었는지 나 또한 비밀과 수수께끼로 집안의 권위에 저항하는 버릇이 자라나기 시작한 것이다. 부모님의 난해한 답변에는 나도 모호한 말로 대답하고 그들의 공식적인 거짓말에는 아마추어적인 거짓말로

• 욥은 하느님에 대한 경외심, 인내와 고난 극복의 상징으로 여겨진다. 반면에 허먼 멜빌의 《모비딕》에 등장하는 에이허브 선장은 자신의 다리를 앗아간 고래 모비딕에 대한 복수심에 불타오르는 인물로, 분노와 증오를 상징한다.

화답하곤 했다. 부모님은 이 세상은 타락했지만 다른 어딘가, 즉 내세에서는 속죄와 배상이 이루어진다고 믿었다. 나는 이 세상은 타락했고 내세 같은 건 없다고 믿었다. 그들이 내세에 대한 실체를 일종의 소중한 비밀로 간직했듯이 나는 내세는 없다는 깨달음을 소중한 비밀로 간직했다. 나는 무적의 거짓말쟁이가 되었다. 내가 아는 사람들 중 최고였고 성공률은 높았으며 만성적이었다. 거짓말은 끝을 몰랐다. 먼저 나의 가장 큰 거짓말인 무신론을 숨기는 것부터 시작해 작은 진실들, 이를테면 친구들과 어울리며 욕을 했다거나 레드 제플린을 들었다거나 술을 한 잔 이상 마셨다거나 여전히 여자 친구가 있다는 사실은 절대 부모님께 흘리지 않았다.

문학, 특히 소설은 이러한 은폐와 거짓의 습관에서 잠시 벗어나 숨 쉴 틈을 허락해주었는데, 부분적으로 소설은 내가 하고 있는 일의 은유적 버전이라 할 수 있었고 책이라는 세계는 의미 있는 진실을 보호하기 위해 거짓말(혹은 픽션)을 사용하는 곳이었다. 청소년기에 장편소설이나 단편소설이 **완벽히 자유로운 공간**이라는 숭고한 발견을 했을 때 온

몸으로 느꼈던 전율이 아직도 기억난다. 소설이라는 무한한 자유 공간 안에서는 어떤 생각도 할 수 있고, 어떤 말도 내뱉을 수 있었다. 소설 속에는 무신론자, 속물, 자유주의자, 간통자, 살인자, 강도, 카스티야 평원을 달리는 광인, 오슬로나 상트페테르부르크에서 방황하는 사람이 있었다. 파리에서 한몫 잡으려는 젊은 남자, 영국에서 출세하려는 젊은 여자, 존재하지 않는 도시들, 지구상에 없는 나라들, 우화와 초현실만 있는 신비한 땅, 벌레로 변신한 인간, 고양이가 화자인 일본 소설, 수많은 나라의 시민들, 동성애자, 신비주의자, 지주와 집사, 보수주의자와 급진주의자, 보수주의자이기도 한 급진주의자, 지식인과 얼간이, 지식인이자 얼간이, 술꾼과 사제, 술꾼 사제, 산 자와 죽은 자가 있었다. 우리가 읽는 고전은 분명 정전의 자격을 얻은 것canonicity들이었다. 이 책의 저자들은 후대의 인정을 받거나 학계에서 신줏단지처럼 모셔지거나 그저 펭귄 모던 클래식에 포함되었다는 이유만으로 막강한 권위를 부여받았다(근엄하면서도 세련된 연회색 표지가 내뿜는 광채는 그야말로 대단했는데, 나와 함께 책장 앞을 서성이던 형이 진지하게 했던 말이 기억난다. "내가 만약 책을 한 권 내게 된다면 꼭 펭귄에서 출간되었으면 좋겠어"). 하지만 이들 책의 작가들이 존경받을 만한 인간과는 거리가 멀다는 사실, 불경스럽고 과격하고 시끄럽고 외설적인 인간들이라는 사실에서 오는 은밀한 즐거움이 있었다.

서점에서 집으로 올 때는 압축된 내용의 에너지로 빛을 발하고 포르노처럼 뜨거운 열기를 내뿜는 페이퍼백을 몇 권씩 들고 아무것도 모르는 부모님을 지나쳐 내 방으로 들어오곤 했다. 부모님은 정말 몰랐을까? 세르반테스가 얼마나 신성모독적이었고 얼마나 극렬한 반교권주의자였는지, 기독교 사상에 충실한 도스토옙스키가 어떻게 나의 무신론에 불을 활활 지폈는지.《채털리 부인의 연인》은 여전히 '음란한' 책으로 정평이 나 있었지만 어찌 된 사정인지 로렌스의 초기 대표작인《무지개》는 엄격한 검열을 피해갈 수 있었다. 그 책을 펼치기만 하면 윌과 애나는 관능과 욕정이 파도치는 신혼의 첫 몇 개월을 보내고 있다. 윌은 임신한 아내가 출산 예정일이 가까워지면서 몸은 점점 풍만해지고

"특히 가슴이 두드러지고 있다"[2]고 생각한다. 다윗이 하느님 앞에서 춤을 추었던 것처럼 애나는 침실에서 나체로 춤을 추고 어슐라와 스크레벤스키는 달빛 아래에서 키스한다. 두 사람이 런던과 파리로 사랑의 도피를 하는 장면에서 어슐라가 스크레빈스키의 내적 미성숙함을 알면서도 연인과 활화산 같은 사랑에 빠지고 그의 육체를 탐닉하는 모습은 얼마나 단순하고 아름다운가. 런던의 한 호텔 방에서 그녀는 그가 목욕하는 모습을 지켜본다. "그의 늘씬한 몸은 그녀가 보기에 완벽했고, 군살 하나 없이 깨끗하게 잘 빠진 젊은이의 몸이었다."[3]

무엇이든 생각할 수 있고 무엇이든 쓸 수 있으며 그 생각이 완전히 자유롭다는 이 개념은 비교적 길들여진 자유나 얻기 쉬운 자격증으로 보일 수도 있다. 우리 대부분은 매일같이 마음속에서 그 권리를 행사하고 있지 않은가? 너무 자주 사용해 닳고 닳아버린 자유를 단순히 복제하고 있다는 이유로 소설을 특별하게 여겨야 하는가? 하지만 우리 중 많은 사람들이 그 자유를 행사하지 않고 허용되는 생각의 경계선까지만 조심스럽게 나아가다가 초자

'왜'라는 질문

아의 철두철미한 검열에 걸려 넘어지곤 한다. 허구는 모든 허구적인 삶을 두 배로 더한다. 즉 우리가 **다른 누군가** 안에서 자유를 목격한다는 것은 또 하나의 친구를 갖게 된다는 뜻이고 타자의 신뢰 속으로 들어간다는 뜻이다. 우리는 공유하는 동시에 캐묻는다. 라스콜리니코프, 램지 부인과 미스 브로디,˙ 함순의 《굶주림》의 화자, 이탈로 칼비노의 팔로마르. 우리는 그들이기도 하고 아니기도 하다. 이렇게 두 가지가 다 될 수 있다는 사실은 매우 짜릿하고 흥분되는 일이면서 동시에 잘못을 저지르고 있는 듯한 느낌을 주기도 한다. 소설을 읽는다는 건 때로는 지나친 사생활 침해처럼 느껴지는데, 허구의 인물이 지키지 못한 사생활을 훔쳐보고 있는 기분이 들기 때문이다. 분명 셰익스피어는 현대 소설에서 발견할 수 있는 모든 복잡다단한 인간사와 감정의 희로애락을 예상해 작품에 담아내고 있다. 하지만 셰익스피어의 독백이 **소리가 되어 나온 사생**

• 언급한 순서대로, 라스콜리니코프: 도스토옙스키의 《죄와 벌》의 주인공. 램지 부인: 버지니아 울프의 《등대로》의 중심인물. 미스 브로디: 뮤리얼 스파크의 《진 브로디 선생의 전성기》의 주인공.

활(이 독백의 기원은 기도이며 궁극적으로는 〈시편〉에 뿌리를 두고 있다)인 데 반해 소설 속 의식의 흐름은 **소리 없는 독백**이거나 소리 없는 독백을 닮으려 한다. 말로 내뱉지 않은 생각들은 우리 자신의 미완의 생각과 만나고, 그때 우리(독자와 허구의 인물)는 서로를 완성하여 목소리도 내고 새로운 앙상블을 만들라는 요구를 받는 것만 같다. 그들의 지켜지지 못한 사생활은 우리의 지켜진 사생활이 된다.

    소설이란 '왜'라는 거대한 질문이 자유로운 공기 속에서 둥둥 떠다니는 정원이고, 이 안에서 무엇이든 생각하고 말할 수 있다는 생각은 역설적으로 소설 밖 정식 기독교의 실체적인 공포와 대칭되는 것 같았다. 도스토옙스키는 신이 없으면 "모든 것이 허용된다"고 말했다. 하느님만 빼내면 어떤 일도 일어날 수 있다. 혼돈과 혼란이 지배한다. 사람들은 온갖 종류의 범죄를 저지르고 온갖 종류의 생각을 할 것이다. 따라서 어떤 일이 일어나지 못하게 막으려면 신이 필요하다. 이것이 보수적인 기독교의 일반적인 노선이다. 그와 대조적으로 소설은 상식적으로 이렇게 말하는 듯하다. "신이 우리 옆에 있을 때에도 모든 것은 언제나 허용되어왔다. 솔직히 신은 아무 관련이 없다."[4]

물론 소설은 허구의 세계이기에 소설의 자유 발언 허가증은 세상의 허가증보다 획득하기가 더 쉬워 보인다. 소설은 수집할 수 없는 데이터에 대한 멈추지 않는 실험이다. 내가 소설을 사랑해왔고 지금도 사랑하는 이유는 종교적인 텍스트와 근접하면서도 최종적으로 다르다는 점이었다. 소설에서의 진실은 언제나 믿음의 문제이고 그것을 검증하고 확인하는 것은 독자에게 달렸다. 우리는 믿으라는 요청을 받지만 언제라도 그 요청을 자유롭게 거부할 수 있다. 허구는 의심의 그림자 속에서 움직이고 작가와 독자 모두 그것이 진짜 거짓임을 알고 있으며 어떤 순간에 자기가 사실이라고 주장할 근거를 댈 수 없음을 알고 있다. 소설에서의 믿음은 언제나 '마치 …인 것처럼as if'의 믿음이다. 우리의 믿음은 은유적 믿음이며 실제 믿음과 유사할 뿐이다. 토마스 만은 〈리하르트 바그너의 고난과 위대함〉이라는 에세이에서 허구란 언제나 '꼭 그렇지는 않은not quite'의 문제라고 말했다. "예술가에게 '진실'이라는 새로운 경험은 이 게임에서 받은 새로운 인센티브이고, 새로운 표현의 가능성일 뿐이지 그 이상은 아니다. 예술가는 자신의 창작품을 진실처럼 믿고 진지하게 여기지만 그가 풍부하고 온전한 표현을 하기 위해 필요한 만큼만 진지하게 받아들인다. 모든 면에서 그는 진심이며 때로는 진심으로 눈물을 흘리기도 할 테지만, 그럼에도 그것은 **꼭 그렇지는 않은** 것에 불과하며 결과적으로는 전혀 그렇지 않을 not at all 수도 있다."[5] 소설이란 꼭 그렇지는 않음의 게임이 벌어지는 세계이며 완전히-믿지는-않음 not-quite-belief의 장소이다. 종교에서는 위험이 되는 바로 그것이 소설에서는 근본 구조가 된다.

II

기본적으로 종교적 전통이 밑바탕에 깔려 있는 문학적 토양에서 자유와 감시의 문제가 어찌 크게 진동하지 않을 수 있겠는가? 예수도 자신이 소설의 이상적인 독자인지, 소설과 화해할 수 없는 적인지

'왜'라는 질문

결정할 수 없는 것 같다. 예수는 간음한 여인을 가리키며 너희 가운데 죄 없는 자가 먼저 저 여인에게 돌을 던지라고 할 정도로 공감력이 뛰어난 듯하지만, 여자를 보고 음욕을 품은 자마다 이미 간음하였다고 할 때는 채찍을 휘두르며 사람들의 생각을 감시하는 사상경찰과도 같다. 우리에게 자기 자신의 마음을 들여다보고 연민으로 동료 인간에 대한 판단을 미루라고 말하는 것은 지극히 소설적인 제스처이며, 이는 우리가 소설의 독자로서 항상 하는 일이다. 하지만 무엇을 생각하는가와 어떻게 행동하는가를 동일하게 취급하는 것은 철저하게 반反소설적인 태도로, 실제로 그렇게 믿는다면 소설을 어떻게 읽을 수 있겠는가. 나는 왜 그 생각에 반감을 갖는지 이론적으로 설명할 수는 없었지만 본능적으로 우리 부모님의 눈과도 같은 예수의 감시는 거부하면서도 예수의 관찰 능력만은 마음껏 허용하기로 했다. 여자를 보고 음욕을 품은 자마다 이미 간음하였다는 주장은 우리를 충격에 빠뜨리는데, 다음 두 가지 이유 때문이다. 예수는 생각이 곧 행동이라고 주장하고 있으며 그는 아무래도 우리가 무엇을 생각하고 있는지 아는 힘이 있다고 말하는 것만 같다. 우리의 방황하는 시선, 자유로운 몸짓, 목적 없는 시선을 해석하는 힘이 그에게 있는 듯하다. 그리고 우리의 사적인 생각을 공개해버릴 힘도 있다고 말하고 있다. 이 말에 우리는 움찔할 수밖에 없는데, 콜리지가 《문학 평전Biographia Literairia》*에서 인간의 가슴에 유리창을 달면 마음을 볼 수 있다고 말한 교정과 폄훼의 신 모무스Momus**의 생각에 움찔했던 이유와 같다(우리의 불쌍한 콜리지는 의지박약의 아편 중독자로, 종교적 관찰과 판단을 병적으로 두려워할 수밖에 없었다).[6]

우리가 소설을 사랑하고 소설을 읽는 중요한 이유가 있다. 소설을 읽는다는 건 행동으로 옮기지 않을 생각을 갖게 된다는 것이고, 우리는 생각

- 영국의 시인이자 비평가, 철학자이자 신학자인 새뮤얼 테일러 콜리지가 1817년에 출간한 비평적 자서전. 《문학 전기》라고도 불린다.
- 이솝우화에 따르면 제우스와 프로메테우스와 아테나가 각각 황소, 인간, 집을 만들고 모무스에게 평을 해달라고 부탁했다. 모무스는 돌진하는 황소의 뿔에 눈이 없고, 인간이 어떤 마음을 가졌는지 볼 수 없고, 이웃이 마음에 들지 않을 때 쉽게 집을 옮길 바퀴가 없다고 트집을 잡았다. 모무스는 비난과 조롱, 비판과 풍자의 신으로 여겨진다.

과 행동을 분리할 수 있는 매우 인간적이고 비종교적인 권리를 소유하고 싶어 한다. 자유롭게 생각한다는 것은 이 생각과 행동의 분리를 강력하게 주장하는 것이고 그것을 세속적 생각에 대한 정의라고도 할 수 있다. 그러나 이사벨 아처나 토미 윌헬름, 프닌이나 미스 브로디, 페초린, 히카르두 헤이스[*]의 생각을 가만히 들여다보고 있으면 가끔 이런 생각에 현기증이 나기도 한다. 혹시 내가 예수가 가진 힘, 즉 종교적 감시의 힘을 갖고 있는 건 아닐까. 때로는 내가 누군가의 사적인 생각이라는 주머니를 뒤집고 그들의 실책이라는 동전들이 땅에 아무렇게나 떨어지는 걸 보고 있는 건 아닐까(이사크 바벨은 여인의 핸드백에 든 물건을 보면 그녀에 대한 이야기 한 편은 쓸 수 있다고 말한 적이 있다). 그러나 한 가지 명심할 것. 우리가 위에서 내려다보고 면밀히 들여다보는 이 사람들은 허구의 인물이지 실제 인물이

---

[*] 모두 소설의 등장인물이다. 언급한 순서대로, 이사벨 아처: 헨리 제임스, 《여인의 초상》. 토미 윌헬름: 솔 벨로, 《오늘을 잡아라》. 프닌: 블라디미르 나보코프, 《프닌》. 페초린: 미하일 레르몬토프, 《우리 시대의 영웅》. 히카르두 헤이스· 주제 사마라구, 《히카르두 헤이스가 죽은 해》.

아니며, 소설에 속하지 현실에 속하지 않기에 우리의 탐색은 (윤리적인 종류의) 판단에서 한발 물러나 친밀감 쪽으로 향하고 연민과 공감과 친교의 방향으로 흐른다. 우리에게는 감시와 검열을 할 줄 아는 예수의 신묘한 힘이 있기도 하지만, 간음한 여인과 마찬가지로 우리가 모두 죄인이라고 말하는 너그러운 스승이자 용서하는 예수의 인간적인 통찰도 있다.

　소설을 읽는다는 것은 세속적 태도와 종교적 태도 사이를, 삶의 순간들과 삶의 형식이라 할 만한 것들 사이를 끊임없이 오가는 일이다. 소설의 세속적 충동은 인생을 확장하고 연장하는 것이며, 소설은 평범한 인간의 일상이라는 주식을 거래하는 위대한 상인이다. 소설은 우리 삶의 순간들을 여러 장면과 세부 사항으로 확장하고 이러한 순간들을 실시간에 가까운 리듬으로 전달하기 위해 노력한다. 헨리 제임스가 《여인의 초상》에서 한 개 장 전체를 할애해 이사벨 아처가 의자에 앉아 대여섯 시간 동안 자신의 결혼이 실패한 이유를 고찰하는 장면을 묘사했던 것을 생각해보자. 그로부터 사십오 년 후 《등대로》의 램지 부인은 창가의 의자에 앉아 아이들과 남편 생각을 비롯해 온갖 상념에 빠져 있다가 지금 릴리 브리스코가 자신의 초상화를 그리고 있으므로 가만히 있어야 한다는 사실까지 망각한다. 사실상 램지 부인은 자신이 초상화의 중심에 있다는 것, 자신이 소설의 중심인물이며 주인공이라는 사실까지 잊어버린다. 이는 일종의 세속적 망각이다. 이 소설은 그 자체의 삶으로 가득 차 있어서 영원의 눈으로 바라본* 인간의 삶(다시 말해 죽음으로서의 삶)은 부주의하게 추방돼 있다. 죽음은 다시금 자신의 존재를 알리며 포효하겠지만, 아직은 아니며 지금은 아니다.

소설은 이처럼 세속적 태도를 취함으로써 자신의 등장인물들이 영원히 살기를 바란다. 소설은 자기 인물이 언젠가 반드시 죽어야 한다는 사실을 이해하지 못한다. 세르반테스가 얼마나 주저하면

• 원문의 "under the eye of eternity"는 스피노자의 《에티카》(제5부, 정리 23, 주석)에 나오는 라틴어 표현 "영원의 관점 아래에서 sub specie aeternitatis"를 영어로 옮긴 관용구이다. 현실의 시간적 측면에 대한 어떠한 언급이나 의존 없이 보편적이고 영원하게 참된 것으로 간주되는 것을 이른다.

서, 사실상 자기도 모르게 임종 침대에 누운 돈키호테에게 작별 인사를 했는지 기억하는가? 돈키호테는 임종의 순간에 기사로서 자신의 잘못을 참회한다. 그는 산초 판자를 불러 용서를 구한다. "죽지 마세요. 세뇨르."[7] 산초는 눈물을 흘리며 응답한다. 돈키호테는 유언을 남기고 사흘을 더 살다가 죽었는데 "그의 곁을 지키던 모든 사람들은 눈물과 탄식 속에서 그의 영혼을 놓아주었다. 내 말은 그가 죽었다는 뜻이다." 이 언어의 빈약함을 보라. 서툴고 엉성해서 감정을 제대로 담아내지 못하는 이 장면은 매우 감동적이다. 마치 세르반테스 자신도 돈키호테가 죽는다는 사실에 적잖이 충격을 받은 것처럼 보이고 자신이 창조한 인물이 죽어버리자 형언할 수 없는 슬픔에 압도당한 것 같다.

그러나 소설의 영원적 혹은 종교적 태도는 우리에게 삶이 죽음과 필수 불가결하게 얽매여 있으며 삶이란 죽음을 기다리는 상태에 불과하다는 사실을 상기시켜준다. 소설의 이런 태도가 종교적인 이유는 삶을 이미 결정된 것, 기록된 것으로 바라보는 종교적 성향을 공유하기 때문이다. 영국의 시인이자 성직자인 존 던은 여러 차례 욥기에 대한 설교를 했는데, 우리의 삶이란 하느님이 쓰신 한 문장에 불과하다고 말하곤 했다. "우리 인간의 삶 전체는 삽입구挿入句에 불과하고 우리는 영혼을 받았다가 다시 돌려주는 것이며, 그것이 완전한 문장을 완성한다. 그 완전한 문장이란 그리스도는 알파와 오메가이고 우리의 알파와 오메가만이 우리가 숙고해야 할 전부라는 것이다."[8] 이 종교적 태도 속에서 소설은 하느님이 〈시편〉 121편에서 약속한 것과 같은 특별한 혜택을 제공한다. "여호와께서 너의 출입을 지금부터 영원까지 지키시리로다." 소설은 우리에게 사례와 형식 간의 관계를 가르쳐준다. 이는 분명 달성하기 어려운 과업인데, 우리는 대부분 우리 삶의 형식을 파악하지 못하고 그저 매 순간 아침을 먹고 출근하고 돈을 벌고 아이들을 학교에 꼬박꼬박 보내는 것처럼 어떤 순간들을 뚫고 지나가고 있기 때문이다. 그중 우리의 순간들이 즐거울 때, 즉 환희에 가까운 순간을 맞을 때(이를테면 사랑에 빠질 때도), 아니 **특히** 그 순간이 행복할 때 시간은 엉성하게 흐르며, 우리는 느긋하게 여유를 갖고 그 시간의 모양을, 그 환희의 시작과 끝을, 각 단계와 기간을 지켜보지 못한다. 우리는 오직 회고로서만 우리의 '출입'을 이해할 수 있는 저주를 받았고, 마치 뱃머리에 앉아 노를 젓고 있는 것처럼 이미 지나온 자리만 맑은 눈으로 볼 수 있다. 몇 년 만에 어떤 도시로 돌아온 후에야 "나는 여기서 살 때 행복했어"라고 말할 수 있다. "이십 대 내내 불행했어." "나는 진짜 사랑에 딱 한 번 빠졌었지." "이제 와서 보니 그 직업을 택한 건 실수였어." 그리고 나는 내 친구 동생의 추도식에 참여하고 나서야 그의 아버지가 이 가슴 저미는 시를 썼다는 것을 알게 된다. "그 완벽했던 여름… 가족 중 누구 하나도 죽어가지 않았던 그 여름을 기억한다."

나는 그 추도식에서 죽음이야말로 우리의 삶을 똑바로 직시할 수 있는 무서운 특권을 준다는 생각에 사로잡혀버렸다. 장례식이라든가 부고 한 줄은 마음 한구석을 불편하게 하는 특권이 머무는 예배당이며 소설이란 그 환대하는 예배의 세속적 버전을 가장 강력한 방식으로 제공하는 문학 장르였던 것이다. 발터 벤야민은 〈이야기꾼The

Storyteller〉이라는 에세이에서 이렇게 주장한다.[9] 고전적인 스토리텔링은 죽음을 중심으로 구성되어 있다. 죽음은 청중의 손을 따뜻하게 데워주는 난롯불과 같다. 죽음은 이야기꾼에게 권위를 부여한다. 벤야민에 따르면 이야기를 전염성 있게 만드는 건 죽음이다. 소설가인 나의 아내는 최근에 모친을 잃은 친구에게 이런 편지를 썼다. "우리 인생사라는 건 참 이상하지. 아무 모양이 없다가(더 정확하게 말하면 현재만 있는 것처럼 보이다가) 엔딩에 이르고 나서야 비로소 살아온 궤적이 한눈에 보이니 말이야." 실은 아내의 부모님이 지난 두 해 사이에 연달아 돌아가셨고 그녀는 그때의 경험과 감정을 이야기하고 있었다. 이어서 아내는 한 캐나다 소설가가 아버지를 여의고 나서 자신에게 했던 말을 인용했는데, 아버지가 돌아가시자마자 갑자기 모든 나이대의 아버지, 그러니까 자기가 아홉 살 때의 아버지, 십 대 때의 아버지, 스물여덟일 때, 서른다섯일 때의 아버지가 한꺼번에 그리워졌다는 이야기였다.

　소설은 종종 우리에게 한 인간의 인생이 전체적으로 어떤 모양이었는지 그 형식에 대해 통찰할 수 있게 한다. 우리는 그 안에서 허구적 인물이 살았던 삶의 시작과 끝을 볼 수 있고 그들의 발전과 오류를, 정체와 방황을 본다. 소설은 여러 가지 방식으로 이 작업을 수행하는데, 많은 분량과 넓은 범위를 사용하기도 하고(수많은 인물들의 수많은 삶과 수많은 시작과 끝을 알 수 있는 장편소설) 압축과 간결함이라는 방법을 활용하기도 한다(하나의 삶을 처음부터 끝까지 압축해 소개하는 중편소설, 즉 노벨라novela로 《이반 일리치의 죽음》이나 데니스 존슨의 《기차의 꿈 Train Dreams》이나 앨리스 먼로의 중편에 가까운 이야기 〈곰이 산을 넘어오다The Bear Came over the Mountain〉 등이 있다). 소설에서는 현재를 과거로 바꾸어 이야기하곤 하는데 물론 이야기 안에서는 앞으로 나아가고 있지만 전체 스토리는 이미 완성되어 있다. 우리는 그 이야기를 이미 손에 쥐고 있다. 이런 의미에서 소설은 생명을 불어넣는 일이자 생명을 죽이는 것이다. 소설이나 이야기 속 인물들이 자주 죽기 때문이 아니라, 더 중요한 점은 그들이 죽지 않는다 해도 **그들은 이미 일어난 일이기 때문이다.** 소설적 형식이란 언제나 일종의 죽음으로, 블랑쇼가 실제 삶을 묘사한 것과도 일맥상통한다. "**이었다**was. 우리는 그가 …**이다**is라고 말하지만 그는 갑자기 **이었다**가 된다. **이었다**라니. 아, 끔찍한 말이네. 나는 생각한다."[10] 이는 토마스 베른하르트의 소설 《몰락하는 자》의 화자가 자살한 친구 베르트하이머를 생각하는 문장이다. 하지만 이는 대부분의 소설에서 만날 수 있는 시제이기도 하다. 우리는 보통 "그녀는 …이었다"라고 하지 "그녀는 …이다"라고 하지 않는다. 그는 집을 나섰고, 그녀는 목을 주물렀고, 그녀는 책을 내려놓고 잠들었다.

소설 속에서는 현재와 과거, 사례와 형식, 자유 의지와 결정론, 세속적 확장과 종교적 축소 사이에서 늘 투쟁이 벌어진다. 그래서 '작가적 전지성authorial omniscience'의 역할에 대한 논쟁이 복잡한 역사를 갖게 된 것이다. 작가의 시점을 두고 생기는 불안은 부분적으로는 신학적인 것이며 신학적 논쟁처럼 미해결적인 성격을 갖고 있다. 소설은 자신의 전지전능함을 당당하게 누릴 것인지 아니면 미안해할 것인지, 전면에 내세울 것인지 뒤로 숨을 것인지를 영원히 결정하지 못한다. 소설가가 적극 개입하고 방해해야 하나? 아니면 비인격성 뒤에 숨고 무심한 방관자로 물러서 있어야 하나? 나보코프는 등장인물은 자신의 노예이며, 그 인물이 길을 건넜다면 자기가 길을 건너게 만들었기 때문이라고 말하길 좋아했다.[11] 그러나 소위 '비인격적'이라고 하는 플로베르의 소설 속 화자가 엠마 보바리의 영혼을 깊이 응시할 때나 불쌍한 샤를 보바리의 시체를 부검한 뒤 담담하게 "아무것도 없었다"라고 서술할 때, 이 작가가 전지적 시점의 수다쟁이인 헨리 필딩이나 자기 고백적이고 도덕적 판단을 즐겨 하는 조지 엘리엇과는 전혀 다르게 절대로 신과 같지 않다고 주장할 사람이 있을까?

소설에서 이런 문제는 신학적 문제에서 비롯된 것이기 때문에 많은 현대 소설가들이 이야기를 한다는 것이 무엇을 의미하는지, 한 인물에 대해 시작부터 끝까지 신적인 권능을 갖는다는 것이 무엇인지, 인물이 작가와 독자의 감시하에 있으면서도 어떻게 자기만의 자유로운 공간을 스스로 만들어내는지와 같은 문제에 대해 적극적으로 논지를 펼치는 것이 놀랄 일은 아니다. 일부 작가는 의도적으로 자기주장이 강한 서술적 기법을 사용해 독자가 작품 속 인물에게 자유 공간을 만들어주고, 작가의 지나친 간섭과 계획에 맞서서 그 인물의 자유를 지켜주고 싶은 마음이 들게 만든다. 내가 보기에 이런 방식으로 글을 쓰는 작가들은 블라디미르 나보코프, 뮤리얼 스파크, V. S. 나이폴, 주제 사라마구, 다닐로 키슈, 토마스 베른하르트, 하비에르 마리아스, 이언 매큐언, 제니퍼 이건, 피넬로피 피츠제럴드, 에드워드 P. 존스, 앨리스 먼로, 제이디 스미스 등이다. 나이폴은 장편소설 《비스와스 씨를 위한 집》에서 자신의 친부를 모델로 한 비스와스라는 인물을 그린다. 비스와스 씨는 트리니다드 토바고라는 섬을 일평생 떠나지 않고 같은 마을에서 살다 죽은, 답답하기 이를 데 없고 일찌감치 삶이 결정되어버린 소심한 남자다. 이 소설은 부고를 전하듯 비스와스 씨가 죽었다는 서술로부터 시작하고 화자는 유머와 풍자로 비스와스 씨의 삶을 천천히 공들여 묘사하면서 중간중간에 비스와스 씨의 삶을 잔인할 정도로 축소시키는 종교적 관점으로 요약을 하기도 한다. "비스와스 씨는 더 체이스에서 육 년을 살았는데 무료함과 무의미함에 뭉개져버린 그날들은 누구라도 한눈에 판단할 수 있을 것이었다."[12] 여기서의 시간은 종교적 시간이지만 소설적으로 풀면 완전히 다르다고 착각하게 만든다. 소설에서 펼쳐지는 일상적인 장면들을 통해 사실은 비스와스 씨의 삶을 누군가가 한번에 판단할 수 없음을 말하고 있다. 소설은 독자들에게 소설의 결정론에 맞서 싸우라고 요구한다. 그래야 우리는 나이폴의 글에 숨겨진 역설을 읽을 수 있고 그에 저항할 수 있으며, 비스와스 씨가 일탈할 수 있는 공간을 함께 만드는 공모자가 될 수 있다.

최근 몇 년 동안 출간된 책 중에 이 "왜?"라는 거대한 질문을 환기시키고 사례와 형식 사이에서의 소설적 움직임movement을 아름답게 구현한 작품으로 1995년에 출판된 피넬로피 피츠제럴드의 짧은 책 《푸른 꽃》을 들고 싶다. 이 작품은 역사 소설로, 노발리스Novalis라고 알려진 철학자이자 시인인 한 젊은 남자의 짧은 생애를 그린다. 그의 이름은 프리드리히(프리츠) 폰 하르덴베르크로, 피츠제럴드의 소설에서 처음 등장할 때의 그는 피히테 교수의 이론에 사로잡힌 열정적인 대학생이다. 그는 죽음이 그리 중요하지 않고 상태의 변화일 뿐이라고 생각한다. 또한 그는 우리가 세상이 어떤 모습인지 자유롭게 상상할 수 있고, 모두가 다르게 상상하기 때문에 사물의 고정된 현실을 믿을 이유가 없다고 생각한다. 피츠제럴드는 현실 감각 없는 프리츠의 철학적 사고와 대비되는 일상적인 가정생활을 계속해서 그려낸다. 프리츠가 자신의 미래의 장인에게 모든 인류에게는 단 하나의 절대적 자아, 하나의 정체성만 있다고 설명한 피히테의 말을 인용하자 장인은 이렇게 대답한다. "글쎄… 그 피히테란 사람, 참 운이 좋군 그래…. 우리 집만 해도 내가 챙겨야 할 정체성이 서른두 개 정도 있으니 말이지."[13]

프리츠는 그 집에 방문했다가 열두 살 소녀 조피 폰 퀸을 만난다. 모든 면에서 조피는 지극히 평범한 열두 살 소녀이지만 열정에 사로잡힌 프리츠는 단 십오 분 만에 자신은 조피와 결혼할 것이며 "조피는 나의 심장의 심장"이고 "나의 수호천사"라고 결정해버린다. 프리츠는 여성에 대한 고정관념을 갖고 있는데 여성은 남성보다 완벽한 이상에 가깝다고, 보통은 여자들이 구체화하고 남자들이 일반화하는데도 그렇다고 생각한다. 조피의 현명한 언니는 대답한다. "그런 이야기는 전에도 들었어요. 그런데 세부적인 일이 어때서요? 누군가는 챙겨야 하잖아요." 피츠제럴드가 이 소설 속에서 계속해서 제시하고자 하는 것은 세부 사항의 세계, 빨래를 하고 양파를 써는 집안일의 세계와 실제 살과 피로 이루어진 여성들의 세계가 있다는 사실이다. 이것이 소설의 세계인 반면 프리츠는 조금 더 불가해한 관념의 세계에 속해 있다(피츠제럴드는 의도적으로 소설 《등대로》에서의 이념과 젠더 사이의 갈등을 재연하고 있는 건지도 모른다). 프리츠는 쓰고 싶은 소설의 제목을 잠정적으로 '푸른 꽃'이라 붙이지만 몇 단락밖에 쓰지 못하고 그마저도 잘 쓰지 못한다. "나는 인물과 직업 목록을 쓰고 성격 유형을 정리했다." 그는 설명한다. 하지만 피츠제럴드의 소설 안에서는 쉽게 알아볼 수 있는 전형적인 성격 유형이란 없고, 사례들은 유형적인 사례가 아니라 구체적인 사례들 자체다. 어쩌면 프리츠라는 인물은 소설이라는 장르의 글을 쓰기에는 너무 고상한 인물

'왜'라는 질문

인 것은 아닐까? 프리츠와 카롤리네 유스트는 괴테의 소설 《빌헬름 마이스터의 수업시대》 속 미뇽의 죽음에 대해 동의하지 않는다. 프리츠는 미뇽이 너무 거룩하여 이 세상이 그녀를 포용하지 못했다고 말한다. 카롤리네 유스트는 그건 말도 안 된다고, 미뇽이 죽은 이유는 괴테가 다음에 그녀를 어떻게 해야 할지 생각해내지 못했기 때문이라고 말한다. 이 대화에서 둘 중 누가 진짜 소설가처럼 들리는가?

피츠제럴드는 매우 실용적인 작가로, 디테일과 구체성에 집중하면서 감상성에 빠지지 않고 모호한 아이러니를 선호하며 묘사 장면은 짧고 유쾌하고 정확하다. 하지만 그럼에도 인간의 심연을 열어서 보여주는 뮤리얼 스파크의 능력도 갖고 있다. 예컨대, 집에서 나와 따로 살고 있는 프리츠는 어느 날 어머니 아우구스테에게 정원에서 몰래 만나자고 한다. 그는 자신의 아버지가 아직 어리고 신분이 높지 않은 조피와의 결혼을 허락해줄지 알고 싶어 한다. 그의 어머니는 수년 동안 남편의 허락을 받지 않고는 밖에 혼자서 외출한 적이 없지만 이번만큼은 몰래 정원 열쇠를 갖고서 아들을 만나기로 한다.

남작 부인 아우구스테에게 문득 평소에 하지 못했던 놀라운 생각이 떠올랐다. 어둠이 깔리고 꽃향기가 진동하는, 성스럽다고도 느껴지는 이 순간을 틈타서 맏아들에게 자신의 고민을 이야기해보면 어떨까? 말하고 싶은 내용은 간단했다. 그녀는 마흔다섯이었고 여생을 어떻게 살아야 할지 모르겠다는 것. 그때 프리츠가 갑자기 얼굴을 들이밀면서 말했다. "아시다시피 제가 여쭤볼 말씀은 하나뿐이에요. 아버지가 제 편지 읽으셨나요?"[14]

이것이 피츠제럴드가 아우구스테 부인의 심경을 보여주는 전부다. 자기 일에만 관심 있는 프리츠는 어머니의 기분 따위는 전혀 고려하지 못한 채 자기 이야기를 하려고 어머니 쪽으로 몸을 숙인다. 이기적이고 고집스럽다. 네다섯 문장으로 이루어진 이 짧은 단락이야말로 소설이 해낼 수 있는 가장 멋진 일이라고 할 수 있을 것이다. 이 내면세계의 노출이 전해주는 충격적일 정도로 아찔한 친근감,

그리고 인생이 그와 상관없이 계속될 때 그 친근감이 재빨리 사라져버리는 방식 또한 그렇다.

《푸른 꽃》은 가장 섬세한 방식에 갇힌 현재진행형의 삶으로 가득하다. 주인공 프리츠가 있고, 그를 이해하지 못하는 남동생 에라스무스가 등장하고 상냥한 여동생 지도니에가 있으며 '베른하르트'라는 애칭으로 불리던 영특하고 천사 같은 막내가 있다. 하지만 이 행복한 가족은 느닷없이 죽음으로부터 기습 공격을 당한다. 이 책은 다음과 같은 딱딱한 보고와 함께 끝나버린다.

> 1790년대 말, 이번에는 하르덴베르크가家의 젊은이들이 폐결핵에 걸려 거의 저항도 못 해보고 쓰러지기 시작했다. 자기가 객혈을 하는 이유는 너무 많이 웃기 때문이라고 주장하던 에라스무스는 1797년 성금요일에 사망했다. 지도니에는 스물두 살까지 살았다. 1801년 초, 같은 증상을 보였던 프리츠는 부모가 있는 바이센펠스의 집으로 돌아갔다. 죽어가면서 그는 카를에게 피아노 연주를 들려달라고 부탁했다. 프리드리히 슐레겔이 도착했음

때 프리츠는 자신이 쓰고 있는 소설 《푸른 꽃》의 줄거리를 완전히 변경했다고 말했다.

 베른하르트는 1800년 11월에 28일에 잘레강에서 익사했다.[15]

이는 완벽하게 작가의 판단이 개입되고 의도가 배치된 문장이다. "거의 저항도 못 해보고 쓰러지기 시작했다."라는 문장에서 드러나는 아무렇지 않은 듯한 무심함은 죽음을 의자놀이처럼 들리게 한다. 너무 많이 웃어서 객혈을 했다는 에라스무스의 가슴 아픈 주장(이는 가족의 즐거운 추억을 지속하는 방식이다)도, 미완성 소설을 다시 쓰려던 프리츠의 미완의 계획도 무심하게 넘어간다. "베른하르트는 1800년 11월 28일에 잘레강에서 익사했다." 같은 감정이 배제된 무색무취의 문장도 그렇다. 이 가족의 천재, 노발리스보다 더 위대한 작가가 될 수 있었던 막내의 나이는 겨우 열두 살이었다.

 피츠제럴드는 노발리스의 한 구절을 서문으로 인용한다. "소설은 역사의 약점에서 비롯된다." 분명 그녀의 소설은 역사가 기록하지 못했던 사적인 순간, 당사자의 가족조차도 기록하지 못한 사적인 순간을 소생시키려는 노력이었다. 하지만 이 세속의 사례와 살아 있는 듯한 구체적 장면들은 더 크고 엄중한 책이라는 형태 안에서 존재하고 있으며, 책이란 곧 이들의 삶이 짧은 삶이고 단죄받은 삶이며 역사적 삽입구에 지나지 않는다는 사실을 알게 만드는 것이다.

 소설은 여러 가지 놀라운 재주를 활용하여 우리로 하여금 이 삽입구에 지나지 않은 인간의 삶을 자유자재로 확장했다가 축소할 수 있게 한다. 세속적 사례와 종교적 형식 사이의 긴장은 종교적 서사가 아닌 소설에서 더욱 극명하게 드러나는데, 이 긴장은 어쩌면 소설이 주장할 수 있는 가장 위대한 힘이기 때문일지도 모른다. 그래서 소설은 종종 이처럼 너무 크고, 회의적이고, 무시무시한 '왜?'라는 질문 속으로 우리를 던져 넣는 것이다. '왜?'라는 질문이 소설의 형식 안에서 자주 소환되는 이유는 소설이 삶의 평범한 순간을 환기하는 데 능하기 때문만이 아니라, 마무리되고 완성된 삶의 형식을 단호하게 주장하는 데도 역시나 능하기 때문이다. 여기서 나는 '주장한다asserting'라는 단어를 사용했는데, 우리가 읽고 있는 인물들은 만들어진 존재이기 때문에 **반드시 죽을 필요가 없다**는 뜻이다. 그들이 죽는 이유는 작가가 그들을 죽게 만들어서다. 실화를 바탕으로 한 《푸른 꽃》 같은 역사 소설에서조차 우리는 그렇다고 느낀다. 고대역사학자 로빈 레인 폭스는 구약성서에서 우연한 죽음은 단 하나밖에 없다고 말했다.[16] 이는 성서가 우연한 삶과 죽음을 다루는 현대 소설이나 신문 기사와 다르다는 뜻을 내포한다. 하지만 '우연한accidental'이 '의도하지 않은unintended'을 의미한다면, 엄밀히 말해 소설에서도 우연한 죽음은 없다고 할 수 있다. 이는 역사 소설에서도 마찬가지인데, 이론적으로 소설가는 역사를 바꿀 수 있는 힘을 가지고 있고, 특정 인물의 삶뿐 아니라 죽음의 본질을 드러내기 위해서 의도적으로 그를 선택하기 때문이다. 게다가 우리가 역사 소설을 펼칠 때 그 인물들은 독자적인 삶을 살고 우리의 마음속에서 역사에 기록 된 사실과는 분리되기 시작한다. 역사 소설 속 인물이 죽으면, 역사적 인물이 아니라 허구의 인물로서 죽은 것이다.

하지만 소설은 여전히 '꼭 그렇지는 않은'의 게임으로 남아 있다. 인물들은 **꼭 죽지는 않았을 수도** 있다. 그들은 언제든지 다시 돌아오고 우리가 그 소설을 두 번째, 세 번째 읽을 때에도 이전과 같은 모습으로 존재한다. 소설 속 인물의 웃음소리는 그 인물을 실제 죽음으로 이끌었던 객혈보다 더 오래 지속된다. '역사의 약점' 중 하나는 실존 인물은 죽는다는 것이다. 하지만 소설은 우리에게 부활을 허용하고 소설 속 인물은 반복해서 같은 세상으로 돌아올 수 있다. 이탈로 칼비노는 《팔로마르》의 말미에서 허구적인 사형 선고와 부활이라는 주제를 잠시 다루는데, 그는 작품명과 같은 이름을 가진 주인공의 죽음을 고려하기도 한다.

> 한 인간의 삶은 사건의 집합으로 구성되며, 그중 마지막 사건이 전체 의미를 바꿀 수 있다. 마지막 사건이 이전 사건보다 더 중요해서가 아니라 그것이 삶에 포함되어버리면 사건은 시간 순서가 아니라 내적 구조에 따라 재배열되고, 이로써 전체 의미가 달라져버릴 수 있기 때문이다.[17]

주인공 팔로마르는 죽는 법을 배우고 싶어 하지만 칼비노는 그 방법을 배우기 어려울 것이라고 말한다. 죽는다는 것의 가장 어려운 점은 자신의 삶이 "과거에 아무것도 더할 수 없는 닫힌 전체"라는 사실을 깨닫는 것이기 때문이다. 그러면서 그는 팔로마르가 모든 인간 존재의 종말, 시간 자체의 종말을 상상하기 시작했다고 덧붙인다. 팔로마르는 생각한다. "만약 시간이 끝나야 한다면 그 끝은 순간들의 연속으로 묘사될 수 있겠지. 그렇게 순간을 확장하다 보면 시간의 끝이 보이지 않게 될 거야. 그 사람은 자기 삶의 모든 순간을 묘사하기로 결심하고, 그 모든 순간을 묘사할 때까지는 자신이 죽는다고 생각하지 않겠지. 묘사를 멈추는 그 순간에 그는 죽을 테니." 칼비노는 이렇게 쓴다.

이 마지막 문장과 함께 책은 끝난다.

2
진지한 관찰

SERIOUS NOTICING

I

지난 이십 년 동안, 아니 그보다 더 오랫동안 나는 이 경이로운 이야기를 다시 읽고 또다시 읽게 되는데 그 이야기란 안톤 체호프가 스물일곱 살에 쓴 〈입맞춤The Kiss〉이라는 짧은 소설이다. 한 포병 부대가 지방의 마을에 배치되었다. 마을에서 가장 큰 저택을 소유한 지주가 차 마시는 시간을 갖자며 장교들을 무도회에 초대한다. 그중 랴보비치라는 순진한 대위는 자신감 넘치는 주변의 동료들과 달리 여자들과 어울리거나 춤을 추는 데는 소질이 전혀 없다. "키가 작고 안경을 쓴 그는 어깨가 둥글게 떨어지고 스라소니 수염처럼 덥수룩하고 멋없는 구레나룻을 기르고 있다."¹ 그는 여성에게 스스럼없이 말을 걸고 유혹적인 눈빛을 건네는 동료들을 멀리서 지켜보고만 있다.

> 그는 평생 단 한 번도 춤을 춘 적이 없고, 귀족 가문 딸의 허리에 팔을 두른 적이 없었다. (…) 그도 한때는 친구들의 대담한 태도와 날렵한 몸짓을 부러워하면서 질투로 잠 못 이루던 시절이 있었다. 그는 자신이 숫기가 없고 어깨가 둥글게 떨어지고 행동도 어색하고 스라소니 구레나룻에 엉덩이가 납작하다는 사실을 충분히 자각하고 있었고 한때는 이런 자신이 하염없이 싫었다. 그러나 시간이 흐르며 이 모든 것에도 익숙해져서 이제는 춤을 추거나 큰 소리로 대화를 주도하는 동료들을 봐도 더 이상 부럽지는 않고 약간의 쓸쓸함이 스치고 갈 뿐이었다.

그는 당혹감과 지루함을 감추기 위해 대저택을 헤매다가 길을 잃고 캄캄한 방에 혼자 있게 된다. 체호프는 묘사한다. "홀에 있을 때처럼 창문이

활짝 열려 있었고, 사시나무, 라일락, 장미꽃 향기가 방 안으로 들어왔다." 갑자기 그의 뒤에서 다급한 발걸음 소리가 들리더니 한 여자가 불쑥 다가와 그의 목에 팔을 두르고 입을 맞춘다. 두 사람 다 깜짝 놀라서 숨을 훅 들이쉬었고 여자는 자신이 엉뚱한 남자에게 키스했다는 사실을 즉시 알아차리고는 황급히 뒤로 물러선다. 무도회장으로 돌아간 랴보비치의 손이 심하게 떨린다. 방금 그에게 어떤 일이 일어난 것이다.

방금 전에 진한 향수 냄새를 풍기는 부드러운 팔에 휘감겼던 그의 목은 마치 기름이라도 바른 듯했고, 미지의 여인이 키스한 왼쪽 콧수염 바로 옆 볼에는 박하 잎이 닿은 것처럼 가볍고 상쾌하고 시원한 전율이 감돌았다. 그곳을 문지르면 문지를수록 그 느낌은 더욱 선명해졌고, 머리부터 발끝까지 부풀어 오르는 듯이 낯설고 특별한 감정으로 가득 찼다. (…) 그는 별안간 춤을 추고 싶어졌고, 정원으로 뛰쳐나가 큰 소리로 웃고 싶어졌다.

젊은 군인의 마음속에서 이 사건의 크기는 점점 더 커지고 중대해진다. 그는 이제까지 한 번도 여자와 키스해본 적이 없다. 무도회장에서 그는 모든 여자를 한 명씩 바라보며 그녀가 바로 그 **여자**일 것이라고 확신한다. 그날 밤 그는 침대에 누워 "누군가 그를 다정하게 대해주었고 행복하게 해주었으며, 자신의 인생에서 터무니없이 이상하지만 아주 특별한, 굉장히 기쁘고 좋은 일이 생겨났다"는 감각 속에서 잠이 든다.

다음 날 연대는 캠프를 떠나 이동한다. 랴보비치의 머릿속에서는 입맞춤을 했던 생각이 떠나질 않고, 마침내 며칠 후 저녁 시간에 동료 장교들이 대화를 나누고 신문을 읽고 있을 때 용기를 내 자신에게 일어난 신기한 사건을 조심스럽게 꺼낸다. 그는 이야기를 시작했고, 정확히 일 분 후에는 이야기를 다 끝내버린다. 체호프는 랴보비치가 놀라워했다고 쓴다. "그 사건을 이야기하는 데 그토록 짧은 시간이 걸렸다는 사실에 놀랐다. 그날의 입맞춤에 대해 이야기하려면 밤을 새도 모자랄 것 같았기 때문이다." 그의 낭패감을 더해주듯, 동료 장교들은

진지한 관찰

그의 시시한 이야기에 관심이 없거나 일부는 의심의 눈길을 보내는 것 같았다. 마침내 연대는 그 사건이 일어났던 마을로 다시 돌아간다. 랴보비치는 그 대저택에서 열리는 무도회에 다시 한번 초대를 받으면 어떨지 상상한다. 그러나 그런 일은 일어나지 않고 그는 저택 주변 강 언저리를 맴돌며 냉소와 환멸을 느낀다. 다리 난간에 침대 시트가 몇 장 걸려 있었는데 그는 '아무런 이유 없이' 침대 시트 한 장을 만지작거리린다. "아 얼마나 어리석은가. 얼마나 바보 같은 짓이냔 말이다." 그는 흘러가는 강물을 보며 생각한다.

이 이야기에는 우리의 심장을 파고드는 결정적인 문장 두 개가 있다. "그 사건을 이야기하는 데 그토록 짧은 시간이 걸렸다는 사실에 놀랐다. 그날의 입맞춤에 대해 이야기하려면 밤을 새도 모자랄 것 같았기 때문이다."

이런 문장을 쓰려면 작가는 얼마나 **진지한 관찰자**여야 할까? 체호프는 마치 세상만사와 인간의 심리를 전부 다 알아차리고 있는 사람처럼 보인다. 그는 우리가 머릿속으로 그리는 이야기야말로 가장 중요하다는 것, 그 이유가 인간이란 내면의 이야기를 한없이 확장하는 존재이자 우습고 한심한 몽상가이기 때문이라는 것을 알고 있다. 랴보비치의 머릿속에서 그의 이야기는 점점 커지고 또 커져서 언제 어디서나 동행하는 사건이 되고 삶의 리듬이 되어버린다. 체호프는 랴보비치가 자신의 이야기를 하기 위해 고통스러울 정도로 청중이 필요하기도 하고 필요하지 않기도 하다는 사실을 안다. 어쩌면 체호프는 작가인 자신과는 달리 그 장교가 대단한 이야기꾼이 아니라는 사실을 가볍게 말하고 있는지도 모른다. 여기에는 필연적인 아이러니가 있는데, 체호프의 단편들은 이야기하는 데 일 분 이상 걸리긴 해도 밤새워 읽어야 할 정도로 길지는 않고, 이 이야기 역시 그의 여러 단편들처럼 짧고 간결하다는 점이다. 그래도 체호프가 직접 그 이야기를 했다면, 사람들은 흥미롭게 듣지 않았을까? 그러나 체호프 역시 우리가 방금 읽은 이야기(체호프의 이 단편소설)의 소자 랴보비치가 성험한 섯의 선부가 아니며 랴보비치가 그 일을 전부 말하는 데 실패했듯이 체호프도 모든 것을 말하지 않았을 수 있음을 암시하고 있다. 랴보비치가 말하고자 했던 것이 **정말로 무엇이었는지는** 여전히 수수께끼로 남아 있다.

〈입맞춤〉은 이야기에 관한 이야기이며, 이야기의 정의 중 하나가 이야기란 원래 더 많은 이야기를 불러오는 것이라는 사실을 상기시킨다. 이야기는 이야기 생산자다. 먼저 체호프의 단편소설이라는 형태의 이야기가 있고, 랴보비치에게 툭 하고 떨어진 별개의 사건이 있고, 그 사건을 생각하며 랴보비치가 지어내고 상상하고 상상하다 실패해서 결국 말하지 못한 수만 가지 이야기가 있다. 어떤 한 가지 이야기도 그 이야기 하나만으로 그 속에 있는 이야기를 전부 설명할 수가 없으며, 이 이야기의 핵심에 놓여 있는 수수께끼 자체가 하나의 이야기라 할 수 있다. 이야기는 자신의 자식들을 낳는다. 이들은 이야기의 유전자를 지니고 있는 파편이자 이야기 전부를 다 말하지 못하는 원초적 무능력의 불운한 구현이다.

이야기란 **잉여와 실망의 역동적인 조합**이다. 이야기가 실망스러운 이유는 반드시 끝나야만 하기 때문이고, 그러면서도 정말로 끝날 수 없기 때문이다. 잉여를 **절묘한 실망**이라고 할 수도 있을 것이다. 진짜 이야기는 끝이 없지만 이야기 자체의 논리가 아니라 이야기꾼이 강제한 형식에 의해 시작과 끝이 결정되기 때문에 실망스러울 수밖에 없다. 우리는 작가의 형식이 강요하는 죽음을 넘어서려고 애를 쓰는 삶의 순수한 잉여를 느낀다. 랴보비치가 이상적으로 들려주고 싶은 이야기, 일 분이 아니라 밤새워 할 수 있을 것 같았던 그 이야기는 그의 인생 전부일지도 모른다. 체호프가 우리에게 들려준 이야기와 비슷하지만 당연히 그보다는 더 길고 완성도는 더 떨어졌을 것이다. 랴보비치는 그 어두운 방에서 일어난 사건뿐 아니라 자신의 내성적인 성격, 여자 경험이라고는 하나도 없는 자신의 과거, 축 처진 어깨와 스라소니 수염에 대해서 이야기하고 싶었을 수도 있다. 체호프가 쓰지는 않았지만 소설에 들어갈 여지가 있는 일화들도 얼마든지 있을 수 있는데, 가령 그의 부모 이야기(아버지가 그를 어떻게 통제했고 어머니는 또 어떻게 방임했는지)가 삽입되었을 수도 있다. 또한 그가 군인이 되기로 결심한 건 본인이 원해서가 아니라 단지 아버지를 기쁘게 해드리기 위해서였을 수 있다는 이야기, 동료 장교들을 가증스러워하면서도 부러워하는 심경을 조금 더 구체적으로 설명했을 수도 있다. 여가 시간에 시를 쓰지만 누구에게도 보여준 적 없다는 사실, 스라소니 수염을 깎지 않고 기르는 이유가 움푹 파인 턱의 흉터를 가려주기 때문이라는 등의 이야기도 가능하다.

하지만 랴보비치의 일 분짜리 이야기가 사실 이야기로서의 가치가 크게 없을뿐더러 어쩌면 이야기라고 할 수도 없는 것처럼, 밤새 해도 모자랄 그의 뒤죽박죽 인생사 역시 이야기로서 충분한 가치가 있지는 않을 것이다. 혹은 이렇게 생각해볼 수도 있다. 랴보비치에게 필요한 건 세부 사항을 관찰하는 체호프적인 시선, 진지하게 잘 포착하는 능력, 이야기를 선택하는 천재성이 아니었을까? 랴보비치가 동료들에게 그 사건을 이야기할 때 어두운 방에 라일락과 포플러와 장미 향기가 들어찼다는 말을 했을까? 그 여인이 키스를 했을 때, 그의 뺨이 박하 잎으로 부빈 것처럼 상큼하게 전율했다는 표현을 사용했을까? 세부 사항으로 인해 이야기 속의 특정 순간이 형식 안에서 살아남기도 하고, 취소되기도 하고, 회피되기도 한다. 나는 세부 사항이란 형식이라는 액자 안에서 튀어나와 우리에게 만져 달라고 애원하는 삶의 조각이라고 생각한다. 물론 세부 사항은 단순한 **삶의 조각**이 아니다. 세부 사항이란 최대치의 문학적 기교(작가의 천재적인 선택과 창조적 상상력)로 최대치의 비문학적 또는 실제 삶의 시뮬라크르를 생산하는 마법적 조합이라 할 수 있다. 이 과정에서 문학적 기교는 **(허구적인, 다시 말해서 새로운) 삶으로까지 전환**되는 것이다. 세부 사항은 삶과 유사한 것lifelike이 아니라 그런 기능으로 환원될 수 없는 것으로서, 그 자체로 존재하는 사물들things-in-themselves, 즉 내가 삶다움lifeness 그 자체라고 부르는 것이다. 랴보비치가 자신의 뺨에서 시원한 느낌을 받았던 것처럼 박하 잎에 대한 세부 사항은 우리에게도 오래 머물러 있다. 우리는 그저 그곳을 만지작거려보기만 하면 되는 것이다.

헨리 그린의 소설 《러빙》(1945)의 공간적 배경은 아일랜드의 외딴 저택으로 주요 등장인물은 그곳에 상주하는 런던 출신의 하인들이다. 이 소설에도 체호프의 〈입맞춤〉을 연상케 하는 장면이 있다(그린은 체호프의 열렬한 추종자였다). 젊은 하녀 이디스가 아침에 커튼을 열고 차를 가져다주기 위해 여주인인 잭 부인의 침실에 들어간다. 그때 이디스는 잭 부인의 침대에 남편이 아닌 데븐포트 대위가 누워 있는 장면을 보고 깜짝 놀란다. 데븐포트 대위가 이불 속으로 재빨리 숨고 잭 부인이 아무 것도 걸치지 않은 채 침대에 똑바로 앉는 모습을 보자마자 이디스는 방에서 뛰쳐나온다. 그린은 이 장면을 매우 인상적으로 묘사한다. 그녀가 본 것은 잭 부인의 "눈부시게 빛나는 상체"였고 "그 위에서는 제멋대로 솟아오른 어두운 빛깔의 마른 흉터 두 개가 떨고 있었다."[2] 이디스는 분명 충격을 받았지만 실은 남몰래 짜릿해하는데, 한편으로는 그 일이 집안의 다른 누구도 아니라 자기에게 일어났기 때문이고, 다른 한편으로는 아직 순진한 젊은 아가씨로서 이런 장면을 목격했다는 것이 성인들의 성적 세계의 매혹으로 한 걸음 더 다가가게 하는 결정적인 계기이기 때문이며(물론 그린은 그렇게 노골적으로 이야기하지 않는다), 자신을 유혹하는 집사 찰리 러스와 만났을 때 자랑스럽게 휘두를 수 있는 소재 하나가 생겨서이기도 하다.

〈입맞춤〉의 랴보비치처럼 이디스의 이야기도 그녀 자신에게만 절대적인 가치를 지니게 되는데, 이 보물 같은 사건은 자기 안에 곱게 모셔두고 싶으면서도 발설하지 않으면 안 되는 것이다. "기절초풍할 일 아니에요?" 그녀는 찰리 런스에게 묻는다. "그 일이 왜 하필 나한테 일어났을까요? 제가 여기서 일한 지도 벌써 몇 년째잖아요." 이디스가 자기보다 한발 앞서 성에 눈을 뜨는 것이 늘 불안했던 찰리는 그녀만큼 이 일을 흥미로워하지 않는다. "그런데 당신은 별로 즐겁지 않은가 봐요?" 그녀는 집요하게 묻는다. "혹시 나한테서 이 이야길 뺏어가려고 그러는 건 아니죠?"

> [그녀가 계속 말한다.] 당신이 이제까지 나한테 해줬던 이야기들 있잖아요. 도싯에 갔을 때 이 문을 열고서 보았던 것들, 웨일스의 화장실 창문 너머로 보았다는 그 장면들…. 이제 그런 이야기들이 나한테도 온 거예요. 침대에 두 사람이 나란히 누

워 있었다니까요. 당신이 냄새나는 낡은 담배 파이프에 넣고 연기 피우듯이 했던 이야기들 말예요.[3]

런스가 전에 이곳에서 일했던 집사 엘던 씨도 잭 부인과 그녀의 연인이 침대에 누워 있는 장면을 목격한 적이 있다고 말하면서 이디스의 독보적인 경험을 무시하려고 하자, 이디스는 격한 분노까지 터트리며 반박한다. "엘던 씨가 언제 그 방에 몇 시에 올라갔는지 증명할 수 있어요? 나와 같은 그 시간에 갔을까요? 부인이 엘던 씨에게도 침대에 똑바로 앉아서 한 쌍의 거위처럼 전면부를 흔들어 보였다고요? 나한테 했던 것처럼요?"[4] 참으로 아름다운 격분이 아닐 수 없다. 이 탁월하다 못해 거의 셰익스피어적인 신조어 '전면부fronts'라든가 가슴이 한 쌍의 거위처럼 흔들린다는 표현은 한번 들으면 쉽게 잊을 수 없을 것이다.

세부 사항이란 언제나 **누군가의** 세부 사항이다. 헨리 그린의 문체는 설득력 있고 서정적이며 예리하고 구체적이다. 문학 작가로서, 그리고 삼인칭 모더니스트 작가로서 그는 잭 부인의 가슴을 "제멋대로 솟아오른 어두운 빛깔의 마른 흉터 두 개"로 묘사한다. 나는 그의 이런 표현이 어떤 불길한 의도를 담으려 한 것은 아니라고 생각한다. 그는 묘사력이 뛰어난 화가처럼 우리에게 평소보다 더 유두를 자세히 들여다보게 만든다. 유두 주위의 어두운 피부가 옅은 상처 자국처럼 보일 수도 있는 것이다(그래서 '흉터wound'라고 쓴 것이다). 하지만 이디스는 **자신만의** 세부 사항, 자신만의 단어와 비유를 고집하면서 이 이야기를 자기 것으로 만든다. 이디스가 그 이야기를 어떻게든 자기 것으로 만들기 위해서 절박할 정도로 노력하는 모습에는 뭔가 감동적인 구석마저 있지 않은가?

그녀는 런스가 자신에게서 그 이야기를 훔쳐 가기라도 할까 봐 불안해한다. 그녀는 자신의 이야기가 도싯이나 웨일스에서 런스가 보고 들은 이야기와 비교해 전혀 모자람이 없기를 바란다. 그리고 자기가 가진 언어의 힘을 이용해 엘던 집사가 무엇을 봤건 간에 그것은 **그녀가** 본 것과 여실히 다르다는 점, 그 집사는 자기만큼이나 생생하고 선명하게 보지 못했다는 점을 강하게 주장하려고 한다.

랴보비치와 이디스처럼 우리는 우리 각자가 가지고 있는 세부 사항의 총합이다. (아니, 어쩌면 우리의 세부 사항은 우리가 가진 세부 사항의 총합을 초과할지도 모른다. 그걸 계산하기는 불가능하다.) 그 세부 사항들이 **곧** 이야기, 미니어처 이야기다. 우리가 나이를 먹을수록 그 세부 사항 중 일부는 희미해지고, 역설적이게도 또 어떤 세부 사항은 날이 갈수록 선명해진다. 어떤 면에서 우리는 모두 자신의 기억을 계속해서 다시 쓰고 있는 내면의 소설가이자 시인이다.

나의 기억은 언제나 빵이 발효되듯이 부풀어 오르는데, 일 분의 순간이 십 분의 몽상으로 피어오르곤 한다. 이주 역시 나름의 어려움을 더한다. 나는 왜 가끔 내가 1970년대와 1980년대가 아니라 1870년대와 1880년대에 자랐다고 느끼는 걸까? 내가 만약 영국에서 계속 살았더라면 이런 감정을 느끼지는 않았을 것이다. 하지만 어떤 습관과 전통이 사라지고, 1995년에 미국으로 이주한 일이 겹치면서 나의 어린 시절은 이제 터무니없이 멀게만 느껴진다. 미국에서 대화를 나눌 때면 내 어린 시절의 풍경이나 어떤 추억에 대해 이야기를 하려다가 멈춰버리곤 한다. 모호하고 아득하여 전달 불가능한 수많은 덩어리가 되어버린 세부 사항들을 하나의 서사로 쌓아 올릴 수 없다는 걸 깨닫기 때문이다. 일단 이야기가 통하려면 그전에 너무 많은 것을 설명해야 하는데 그렇게 되면 처음에 하려 했던 이야기나 세부 사항은 사라지고 그저 지루한 설명만 이어지게 될 것이 분명하다. 아니면 내 이야기는 너무 이른 지점에서 시작해 너무 늦은 지점까지를 아울러야 할 것이고, 그러려면 저녁 내내 이야기를 해야 할 것이다.

나는 1965년에 태어나 영국 동북부의 더럼이라는 도시에서 자랐다. 더럼 대학교가 있는 대학 도시로 로마네스크 양식의 웅장한 대성당이 있고 도시 외곽은 이제 대부분 폐허가 된 탄광이 둘러싸고 있다. 모든 가정집에 난로와 벽난로와 석탄 난로가 설치되어 있었고 장작보다는 석탄을 가정용 연료로 사용했다. 몇 주에 한 번씩 울룩불룩한 삼베 자루를 가득 실은 트럭이 집 앞에 멈춰 서고 석탄 배달부들이 지하 창고로 석탄을 쏟아부었는데,

석탄이 굴러떨어질 때의 우르릉 쾅쾅하는, 흡사 화산이 폭발하는 듯한 소리와 푸른빛을 띤 석탄 먼지가 뿌옇게 날리는 장면, 어깨에 거친 가죽 패드를 덧대고 등에 석탄 자루를 짊어진 다부진 사내들이 지금도 생생하게 기억난다.

내가 다닌 더럼의 학교는 미션 스쿨로 라틴어, 역사, 음악이 주요 과목이었다. 나는 성가대에 소속되어 노래를 불렀는데 이는 일종의 영광스러운, 그러나 노예 계약에 가까운 봉사여서 우리는 매일 저녁에 성가를 부르고 주일에는 무려 세 번이나 예배를 드렸다. 우리 성가대원들은 매일 오후에 두 줄로 서서 학교에서 대성당까지 걸어갔다. 두꺼운 검은색 망토를 목까지 올려 입고 보라색 술이 달린 검은색 졸업 모자를 썼다. 기숙사는 아침이면 얼마나 냉랭했던지 우리는 침대 이불 속에서 옷 입는 법을 배워야 했다. 그 학교의 교장인 존 그로브 신부는 오십 대 초반에 불과했지만 우리에게는 인간으로 환생한 진귀한 골동품처럼 보였다. 독신남이고 성직자인 그는 자신의 직업에 걸맞은 제복을 입었다. 검은색 정장 재킷과 바지 안에는 단추 없는 검은색 셔츠를 입었는데 성직자들이 목에 두르는 두껍고 빳빳한 흰색 칼라가 달려 있었다(스코틀랜드 시인 로빈 로버트슨의 시[5]에는 목사였던 그의 아버지의 성직 칼라가 세제 용기에서 잘라낸 하얀 플라스틱 조각이었다는 놀라운 묘사가 있다). 목에 두른 흰색 띠를 제외하고는 그로브 신부가 착용하거나 사용하는 물건 어디에서도 검은색 이외의 다른 색을 찾아볼 수 없었다. 아주 낡은 옥스퍼드 신발도 검은색, 두꺼운 안경테도 검은색, 그가 피우는 파이프도 검은색이었다. 그는 이미 수백 년 전에 탄화되어 재로 변한 사람처럼 보였고 파이프 담배에 불을 붙일 때면 마치 자기 자신에게 불을 붙이는 것만 같았다. 어린이들이란 늘 그렇듯 우리도 불이라면 사족을 못 썼는데 파이프에 걸쳐진 성냥개비, 불꽃이 가느다란 성냥을 천천히 따라가다 마침내 불이 붙는 과정, 담배를 빨아들이는 소리, 불꽃이 성냥을 따라 수평으로 가다가 파이프 볼을 향해 수직으로 사라지는 광경에 매혹되었다. 항상 의문이었다. 교장 선생님은 손이 뜨겁지도 않은 걸까? 피부가 파충류의 피부로 만들어져 있어서 뜨거운 성냥개비를 그렇

진지한 관찰

게 오래 잡고 있을 수 있나?

이 교장 선생님은 나름대로는 자상한 면도 있는 분이었지만 본인이 합당하다고 생각하는 처벌의 규정을 고수했다. 교칙을 위반한 소년들은 '딱 좋은 여섯 대 six of the best'*라는 체벌을 받았는데, 이는 크고 단단하고 납작한 나무 머리빗의 뒤쪽으로 엉덩이를 세게 여섯 대 맞는 것이었다. 열세 살이 되어 이 학교를 떠날 무렵, 나는 그때까지 머리빗으로 '후려 맞은' 횟수가 정확히 106번이라는 사실에 의기양양해했다. 이 자랑스러운 숫자를 부모님에게 말씀드렸을 때, 학교에 불만을 제기할 생각이라곤 전혀 없이 "그래서 무슨 일 때문에 맞았는데?"라고 가볍게 물으셨던 걸 보면 당시가 얼마나 **그때 그 시절**이었는지 짐작할 수 있을 것이다. 훌륭한 교사들도 있었다. 라틴어 선생님은 에세이를 어떻게 시작해야 하는지 가르쳐주었다. "베이컨이 정원에 관한 에세이를 시작했던 것처럼 우리의 글도 강렬한 서두로 시작해야 한다. '전능하신 신이 처음으로 정원

---

* 영국의 전통적 체벌 방식.

을 만들었다.' 너희도 베이컨을 모방하려고 노력해 봐라." 어느 날 교실로 성큼성큼 걸어 들어온 한 역사 선생님은 검은색 가운을 벗어서 교탁에 휙 던지더니 쓰레기통을 뒤집어 그 위에 쏟아부었다. 그리고 한 학생의 서랍 속 물건들을 꺼내 그것들도 책상 위에 몽땅 올려두었다. 그러고는 그 책상 뒤에 서서 장엄하게 선포했다. "1482년의 영국은 이처럼 엉망진창이었다."

가끔 집에서는 한 부랑자가 부엌에 앉아서 어머니가 만들어준 샌드위치에 차를 마시기도 했다. 톰은 이따금 거리로 나서기 전에 우리 집에 들러서 끼니를 해결하곤 했다. 간질을 앓고 있던 그가 한번은 우리 집 부엌에서 발작을 일으켰는데 몸을 앞뒤로 흔들고 두 눈은 꼭 감고 손으로는 더러운 바지를 꽉 잡고 있던 게 기억난다. 몇 년 후에 이 불쌍한 남자는 발작을 하다 스스로 불에 뛰어들어 죽고 말았다. 그는 한 번도 기차를 타본 적이 없다고 했는데 어린 나에게는 그 점이 가장 신기했다. 그는 런던은 물론이고 잉글랜드 남부에 대해서도 아는 게 거의 없었다. 내가 드디어 대학을 가기 위해 남부로 가게 되었을 때 우표를 좋아했던 톰은 잉글랜드 남부가 마치 외국이라도 되는 듯이 그곳의 우표를 구해다 달라고 부탁하기도 했다.

성당은 (거대하게, 회색빛으로, 길게 뻗은 엄숙한 모습 그대로) 아직 그 도시에 있지만 그 세계의 나머지 많은 것들은 사라졌다. 내가 어렸을 때에도 이미 탄광업은 쇠퇴와 소멸의 길로 접어들고 있었고 대부분의 탄광은 영업을 하고 있지 않았다. 석탄은 과거 영국에서 그랬던 것처럼 강력하거나 대중적이거나 혹은 토착적인 자원이 아니다. 물론 이것은 조지 오웰이 《위건 부두로 가는 길》에서 생생하게 묘사한 것처럼 위험한 환경에서 지하로 들어가 탄층을 파헤치는 사람들이 줄어들었다는 의미이기도 하다. 다행히도 딱딱한 물건으로 아이들의 엉덩이를 때리는 행위는 더 이상 적절한 훈육으로 여겨지지 않는다. 영국에서는 내가 십 대에 접어들 무렵부터 놀라울 정도로 빠른 변화가 시작되어서 지금은 아마도 체벌이 허용되는 학교가 없을 것이다. 동네 부랑자가 가정집에 들러 샌드위치와 차를 얻어 먹고 가는 일도 이제는 찾아보기 어려울 것이다. 물론 가정집이 아니라 다른 곳에서 샌드위치와 차를 먹긴 하겠지만. 내가 열두 살 딸과 열 살 아들에게 아빠가 자란 세상에 대해 설명해주려고 하면 그 즉시 나는 턱수염을 기르고 프록코트를 입어야만 할 것 같고, 아이들은 자기 아버지를 선사 시대에서 온 사람으로 취급한다. 이제 아이들은 훨씬 더 온건하지만 이상할 정도로 살균된 세상에서 살고 있다. 아이들이 학교에서 받는 유일한 훈육이라고 해봐야 교사가 작은 목소리로 중얼거리는 "그만 멈춰" 정도가 고작이고, 간질 같은 질병도 볼 수 없게 된 지 오래다. 이제 사람들은 담배를 예전처럼 많이 피우지 않고, 특히 교사가 학생 앞에서 피우는 일은 더더욱 없다. 파이프 담배는 고전 영화나 흑백 사진에서나 볼 수 있는 사물이 되었다.

물론 우리 아이들이 내가 살았던 것과 똑같은 세상에서 살기를 바라는 건 아니다. 그 세계는 보수주의의 정의定義와도 같은 세계였다. 하지만 나는 아이들이 내가 어릴 때 느꼈던 것처럼 삶의 혹독함에 충격받기를, **세부 사항**들의 생생한 격렬함과 낯섦에 습격당하기를 바란다. 그리고 아이들이

진지한 관찰

그것을 관찰하고 기억하는 삶을 살았으면 좋겠다. (물론 삶에서 혹독함의 부족에 대한 걱정이 특히 서구 사회 중산층의 배부른 고민이라는 것을 알고 있다. 반면에, 세상 여러 장소의 수많은 사람들은 지독한 혹독함의 과잉으로 인해 고통받고 있다.) 석탄재가 되어버린 성직자, 침대에서 옷 갈아입기, 우리 집 부엌에 앉아 달콤한 차를 마시던 톰, 석탄 배달부와 가죽 재킷 등등. 당신에게도 당신만의 세부 사항이, 당신의 이야기에 담긴 본질이나 특성이 있을 것이다.*

다음은 보스니아계 미국 작가 알렉산다르 헤몬의 글에서 발췌한 문단이다. 〈유쾌한 말들의 교환〉이라는 제목의 자전적 단편소설 중 그의 고향인 보스니아 시골 마을에서 흥청망청 열리는 가족 상봉 행사(그의 가족들은 이 행사를 '헤모니아드'**라고 불렀다)를 묘사한 부분으로, 화자인 십 대 소년이 만취 상태로 땅바닥에 엎어져서 이 광경을 지켜보고 있다.

• 아리스토텔레스에 따르면 형상은 사물의 본질(whatness 또는 what it is)이고 질료는 사물과 사물을 구별해주는 특성, 즉 개체성(thisness)이다.
•• Hemoniad. '올림피아드Olympiad'와 같이 그리스어에서 유래한 접미사 iad(주기적으로 열리는 행사)를 붙여서 만든 말.

돼지우리에서는 역겹고 시큼한 분뇨 악취가 난다. 유일하게 살아남은 새끼 돼지 한 마리가 애처롭게 울부짖고 있다. 닭들은 푸드덕거리면서 날아다닌다. 돼지 구이를 위해 피운 장작불이 꺼져가면서 매캐한 연기가 솟아오른다. 자갈 위로 수많은 발들이 춤을 추면서 타닥타닥 경쾌한 소리를 낸다. 나의 이모와 이모뻘 되는 여자들이 자갈밭 위에서 콜로미이카kolomiyka 음악에 맞춰 춤을 춘다. 그들의 발목은 종아리처럼 부어 있고 피부색 스타킹은 정맥류 때문에 푸른 실핏줄이 드러난 종아리를 따라 천천히 흘러내리고 있다. 소나무 냄새가 나는 까끌까끌한 널빤지 위에 머리를 올려놓고 있자니 마치 내가 세탁기가 된 것처럼 세상이 빙빙 돌았다. 사촌 이반의 샌들 신은 왼발이 무대 위에서 탭댄스를 추고, 커다란 엄지발가락은 툭 튀어나와 있다. (할머니가 돌아가신) 침대 위에 펼쳐진 케이크와 구운 과자 한 부대는 초콜릿이 든 것과 들어 있지 않은 것으로 꼼꼼하게 분류되어 있다.[6]

헤몬은 1992년에 고향 사라예보를 떠나 시카

고에 정착한 작가로, 목록 나열하기를 좋아한다. 이렇게 좋은 소재를 물려받았는데 어떻게 사랑하지 않을 수가 있겠는가. "유일하게 살아남은 새끼 돼지 한 마리가 애처롭게 울부짖고 있다."라든가 할머니가 돌아가신 **바로 그** 침대 위에 펼쳐진 케이크와 구운 과자 부대라니.

보통의 일상에서 우리는 사물이나 자연이나 사람들을 그렇게 오래 바라보며 시간을 보내지 않지만 작가는 그렇게 한다. 이것이 바로 문학과 회화, 소묘, 사진의 공통점이기도 하다. 존 버거의 말처럼 보통 사람은 그저 보고see, 예술가는 바라본다look. 버거는 그림에 관한 에세이에서 이렇게 쓴다. "그림을 그린다는 것은 바라보는 것이며 경험의 구조를 탐색하는 것이다. 나무 그림은 그냥 나무가 아니라 누군가가 바라본 나무이다. 나무 한 그루가 놓인 풍경을 보는 것은 그 즉시 인식되겠지만, 나무 한 그루를 탐색하는 것(누군가가 바라보는 나무)은 몇 초의 짧은 순간이 아니라 몇 분에서 몇 시간까지 걸릴 뿐 아니라 이전에 나무를 바라봤던 경험을 포함하고, 그 경험에서 파생되며, 그 경험을 다시 참조한다."[7] 버거는 여기서 최소 두 가지 이야기를 하고 있다. 첫째, 화가가 나무를 관찰하기 위해 때로 몇 시간씩 노력을 기울이는 것처럼, 그림을 뚫어지게 바라보거나 나무에 관한 묘사를 읽는 사람 역시 사물을 바라볼 때 노력을 기울이는 법을 배운다. 즉 단순한 보기를 주의 깊게 바라보기로 바꾸는 방법을 배우게 된다. 둘째, 버거는 모든 훌륭한 나무 그림은 이전의 모든 훌륭한 나무 그림과 연관되어 있다고 주장하는 듯하다. 예술가는 세상을 바라보면서, 그리고 동시에 다른 예술가들이 세상을 어떻게 그렸는지를 보면서 바라보는 법을 배웠기 때문이다. 우리의 바라보기는 언제나 다른 바라보기의 표현에 영향을 받는다.

버거는 문학적 예시를 들지는 않았다. 하지만 《전쟁과 평화》에 나오는 그 유명한 나무를 생각해보자. 안드레이 공작은 초봄에 처음으로 어떤 나무를 지나치고 한 달 후 늦봄에 다시 그곳을 지나간다. 두 번째 여행에서 안드레이 공작은 그 나무를 알아보지 못한다. 너무 많이 변해 있었기 때문이다. 처음에는 분명 앙상한 겨울나무에 가까웠다.

이제는 나뭇잎이 무성하게 돋아나 있었고, 그 주변의 나무들도 마찬가지로 싱그럽게 피어 있었다. "싱그러운 녹색 잎들이 수백 년 된 딱딱한 나무껍질을 뚫고 나왔는데, 이 늙은 친구가 그처럼 싱싱한 이파리를 만들어냈다는 것이 믿기 어려울 정도였다."[8] 안드레이 공작이 이 나무의 변화를 알아본 이유는 일정 부분 자기 자신도 변했기 때문이고 나무가 지닌 건강한 초록의 생명력을 자기 내면의 변화와 연결시키고 있었기 때문이다.

그로부터 칠십여 년 후에 장 폴 사르트르는 소설 《구토》에서 톨스토이의 두 나무 묘사를 염두에 둔 것처럼 주인공 앙투안 로캉탱이 나무를 바라보고 나무에 대해 생각하면서 소설의 중요한 에피파니를 경험하는 장면을 묘사한다. 로캉탱은 나무를 바라볼 때 자신의 사색적인 습관을 나무에도 투영한다. 그는 마로니에 나무를 유심히 바라보는데 특히 그 뿌리에서 눈을 떼지 못한다. 그는 이 검고 갈라지고 물집 잡힌 듯한 나무껍질이 삶은 가죽처럼 보인다고 생각한다. 그는 마로니에 나무에서 "바다사자의 조밀한 피부처럼 (…) 번질번질하고 울퉁불

통하고 고집스러운 모습"을 본다. 땅속으로 뿌리내리고 있는 구불구불한 뿌리는 "크고 거친 발톱"으로 보인다.[9] 로캉탱이 경험한 에피파니는 사르트르 실존주의의 초기 형태를 보여준다. 그는 그 마로니에 나무 한 그루가 자기 자신을 포함해 그 공원에 있는 모든 것과 마찬가지로 절대적인 여분에 불과하며 필수적이지 않다고 느낀다.

여기서 그의 실존주의 철학보다 흥미로운 점은 그가 얻은 깨달음일 것이다. 즉 존재하는 것은 단지 그곳에 있을 뿐이다. 다시 말해, 존재는 "**경험**될 수 있지만 결코 **연역**될 수 없다."(강조는 사르트르) 그는 이런 깨달음으로 말한다. "나는 마로니에 나무의 **뿌리였다.** 아니, 더 정확히 말하자면, 내 전체가 그 뿌리에 대한 의식이었다. 물론 나는 그것과 분리되어 있었지만 (왜냐하면 내가 그것을 의식하고 있었으므로) 그럼에도 그것에, 오직 그것에만 몰두하고 있었다." 그는 나중에 이 예지적인 순간으로부터 철학적 결론을 도출하려 하는데, 이를 설명할 언어를 찾는 데 애를 먹는다. 반면에 그가 나무 아래에 서 있을 때 "그는 그것에 닿았다. 그 뿌리는⋯

내가 설명할 수 없을 만큼 저 깊은 곳에서 존재하고 있었다." 한편으로, 무언가를 바라보는 경험은 지극히 자의식적인 행위다. 왜냐하면 나무 그림은 나무가 아니라 '누군가가 바라본 나무'이며 나무에 대한 언어적 묘사도 그냥 나무가 아니라 '누군가가 바라보고 묘사한 나무'이기 때문이다. 이는 잉여의 형식적 또는 이론적 측면이다. 다른 한편으로 나무는 안드레이 공작과 로캉탱 둘 모두에게 순수한 세부 사항이다. 그것은 단지 나무일 뿐이고 사르트르가 말했듯이 **설명될 수 없는** 존재이다. 사르트르는 우리가 세부 사항에서 분리되어 있다고 말한다(우리와 세부 사항은 동격이 아니기 때문이다). 하지만 우리는 동시에, 역설적으로, 세부 사항(나무, 나무껍질, 뿌리 등등)일 뿐이다. 다시 말해 안드레이와 나무는 하나이자 동일한 것이다. 이 환원 불가능성이 내가 정의하고자 하는 생명–잉여의 다른 측면, 잉여의 수수께끼 같은 측면이다. 세부 사항이 지극히 자기의식적self-conscious이면서 동시에 지극히 자기지양적self-annulling인 것처럼, 내가 앞서 언급했듯이 세부 사항은 고도의 문학적 기술(창조적 힘의 자의식적 행사)이면서 동시에 문학적 기술에 대한 마술적 반대(삶다움, 즉 사르트르가 '그것'이라고 부른 것)이기도 하다. 세부 사항에 대한 묘사와 분석을 동시에 진행하는 작업에 심취했던 칼 오베 크나우스고르는 《나의 투쟁》 3권에서 한 페이지에 달할 정도로 긴 나무 스케치를 통해 톨스토이와 사르트르의 묘사를 자기만의 방식으로 표현한다.

모든 커다란 나무가 저마다 개성을 지니고 있다는 것은 얼마나 이상한가. 그 개성은 나무들만의 독특한 형태를 통해서, 그리고 나무의 몸통과 뿌리, 껍질과 가지, 빛과 그림자가 한데 어우러져 뿜어내는 신비로운 분위기를 통해서 만들어진 것이다. 마치 나무들이 말을 할 수 있을 것만 같았다. 목소리를 낸다는 뜻이 아니라 자기 존재 자체로, 자기를 바라보는 이들에게 **팔을 뻗는** 것 같았다. 그것이 그들이 하는 모든 말이고, 그들의 존재이며, 그 외에는 아무것도 아니었다. 농장이나 주변 숲 어디를 가든 나는 이 목소리를 들었고, 이토록 느리게 자라는 생명체가 주는 영향을 느꼈다.[10]

II

그렇다면 **진지한 관찰**이란 무엇인가? 솔 벨로의 소설 《오늘을 잡아라》에서 사십 대의 토미 윌헬름은 래퍼포트라는 노인이 길을 건너는 것을 도와준다. 그는 노인의 팔을 잡았다가 "크지만 가벼운 팔꿈치"[11]에 순간적으로 흠칫 놀란다. 특별할 게 없어 보이는 부분일 수도 있지만, 잠시 이 역설의 정확함을 생각해보자. 팔꿈치 뼈가 큰 이유는 노인이 야위어서 뼈가 삐죽 도드라졌기 때문이다. 그런데 뜻밖에도 무척 가벼운 이유는 래퍼포트 씨가 뼈와 가죽만 남았고, 자기 자신의 오랜 삶 속으로 점차 사라져가고 있기 때문이다. 나는 1955년경에 원고 앞에 앉아 있는 이 젊은 작가가 노인의 팔꿈치를 잡았을 때의 정확한 경험을 상상하려(혹은 기억하고 상상하려) 애쓰는 모습을 떠올려본다. "**크다…. 큰데…. 크지만 가벼워!**"

이 소설에서 토미 윌헬름은 호텔의 헬스장을 뛰어다니며 연로한 아버지를 찾는데 알고 보니 아버지는 마사지를 받고 있었다. 그는 이 방 저 방을 들어갔다 나왔다 하는 도중에 탁구를 치고 있는 두 남자를 흘깃 보게 된다. 그들은 사우나에서 나와 허리에 타월을 두르고 있다. "그들은 어색해 보였고 공은 굉장히 높이 떴다."[12] 다시 한번, 이 젊은 작가가 책상에서 글을 쓰는 모습을 상상해보자. 그는 마음의 눈으로 자기 주인공이 이 방에서 저 방으로 건너다니는 것을 본다. 주인공이 타월을 두른 두 남자의 존재를 알아차린다. 위대한 작가들의 글을 읽을 때에는 평범한 작가들이라면 더 나아가지 못했을 문장이나 비유 또는 인식의 한 지점에서 멈추어 살펴보는 것이 유익하다. 평범한 작가라면 토미 윌헬름이 탁구 치는 두 남자를 보고 지나쳤다고만 썼을 것이다. ("타월을 두른 남자 두 명이 탁구를 치고 있었다.") 벨로는 거기서 멈추지 않는다. 그는 이 두 남자가 타월 때문에 불편하며 그 결과 탁구도 어색하게 치고 있다는 것을 발견한다. 수건이 흘러내릴까 봐 그들은 그냥 탁구를 치는 척 흉내만 내고 있으며, 그러다 보니 "공이 높이 튀어 오르는" 것이다.

위대한 글은 우리에게 세상을 더 자세히 바라

보도록 요구할 뿐 아니라 은유와 이미지를 통한 대상의 변화에도 참여하라고 요구한다. D. H. 로렌스는 한 시에서 캥거루를 보며 "빅토리아 시대의 처진 어깨를 가졌다"[13]고 묘사했고, (또다시) 알렉산드르 헤몬은 말똥이 "바람 빠진 시커먼 테니스 공들"[14] 같다고 했으며, 엘리자베스 비숍은 택시 미터기가 "도덕적 판단을 하는 올빼미처럼"[15] 자신을 노려봤다고 했고, 소설가이자 시인인 애덤 폴즈는 찌르레기가 나무 위에서 "겁이 나 움찔flinching"[16] 했다고 썼다. 비평가 크리스토퍼 릭스는 거리를 걷다가 어떤 작가의 문장이나 이미지 또는 구절을 불현듯 떠올린다면, 그것이 훌륭한 문학을 가늠하는 기준이 될 수 있다고 말한 바 있다. 하지만 당신 또한 나무 앞에 서 있을 수 있다. 나뭇등걸을 타고 올라가는 새가 **겁이 나 움찔**하는 모습을 볼 수도 있다. 거리 이야기가 나왔으니 말인데, 현재 내가 살고 있는 집 앞의 도로가 매일 파헤쳐지고 있다. 새로운 하수관 공사가 몇 달 동안 이어지고 있어서다. 매일 드릴 작업과 땅을 파헤치는 작업이 이루어지고, 늦은 오후가 되면 인부들이 금속판이나 자갈로 구멍을 메워 자동차가 지나갈 수 있도록 한다. 그다음 날이면 프로메테우스의 공포를 연상케 하는 동일한 과정이 다시 시작된다. 나는 적어도 일주일에 네 번은 나보코프의 《프닌》에 나오는 훌륭한 낯설게 하기 농담[17]을 떠올리는데, 인부들이 실수로 묻어버린 공구를 찾으러 매일같이 도로의 같은 지점으로 돌아오는 장면이다.

소설에서는 외적인 관찰로 보이는 것들이 동시에 내적인 관찰인 경우가 많다. 안드레이 공작이 나무를 바라보거나 안나 카레니나가 브론스키와 기차에서 만난 후에 남편의 귀 크기를 자세히 보게 되는 그 유명한 장면에서도 그렇다. 안나의 관찰이 그 자체로 주목할 만하기도 하고 우리의 주목을 받을 만한 가치가 충분한 까닭은 그 관찰이 그녀의 내면 변화에 대해 중요한 것을 말해주기 때문이다. 존 버거가 말한 "경험의 구조를 탐색하기"는 이러한 소설적 관찰의 내적 혹은 이중적 측면에도 적용된다. 소설이 다른 관찰의 예술인 시, 회화, 조각과 구별되는 주된 차이점은 이러한 내면의 심리적 요소에 있다. 소설 안에서 우리는 자아의 모든 연기와 가식적인 행동, 두려움과 비밀스러운 욕망, 자부심과 슬픔을 들여다볼 수 있다. 우리는 사람들을 진지하게 관찰함으로써 그들을 더 잘 이해하기 시작한다. 사람들의 동기가 무엇인지 더 예리하게 살펴보면서 그들의 주변과 그 이면까지도 볼 수 있게 되는 것이다. 소설은 인간이 얼마나 모순적인 존재인지를 극적인 방법으로 묘사하는 가장 뛰어난 장르다. 우리는 어떻게 완전히 반대되는 두 가지를 동시에 원할 수 있을까? 도스토옙스키가 이런 모순을 얼마나 탁월하게 포착하는지 생각해보자. 우리가 어떻게 누군가를 사랑하면서 미워하는지, 바람 부는 날의 구름처럼 우리의 기분이 얼마나 순식간에 이런 모양에서 저런 모양으로 변하는지.

살면서 근본적으로 소설이 가르쳐준 인간에 대한 이해가 나에게 도움을 준 적이 자주 있었다. 사람들의 동기를 파악하면서 누군가가 나 자신이나 다른 사람에게서 진정으로 무엇을 원하는지 읽을 수 있었다. 때로는 사람들이 자기 자신을 얼마나 모르는지를 깨닫고 나면 적잖이 놀라기도 한다. 이럴 때면 어떤 사람은 마치 다른 사람들의 영혼을 내려다보는 사제처럼 우위에 선 느낌을 받는다. 이는 소설을 읽을 때 주어지는 특권이기도 한데, 우리는 사람들이 자기 자신을 어떤 사람으로 만들려 하는지, 허구와 환상으로 자신을 구성한 다음에 그 요소들을 어떻게 억압하거나 망각하려 하는지 들여다볼 수 있다.

도스토옙스키의 등장인물을 언급했는데, 18세기의 디드로나 1830년대 후반 미하일 레르몬토프가 창조한 위대한 영웅 페초린으로 거슬러 올라갈 수도 있다. 그리고 이는 토마스 베른하르트의 《몰락하는 자》의 화자로 이어진다. 이 탁월한 소설의 화자는 자살한 베르트하이머라는 피아니스트 친구가 '패배자'*라고 확신한다. 화자는 이 단어(독일어 원제 'Der Untergeher'는 물에 빠지거나 몰락하는 사람, 즉 '가라앉는 자'를 뜻한다)를 그와 베르트하이머가 젊었을 때 둘 다 위대한 피아니스트가 되기를 간절히 열망했다는 의미로 사용한다. 두 사람은 글렌 굴드와 같이 공부했고 굴드의 천재성을 시기했다.

* 이 소설의 영역판 제목이 '패배자The Loser'이다.

세계적으로 유명한 피아니스트로서 '성공한' 굴드와 비교하면, 화자와 그의 친구 베르트하이머는 '패배자'인 셈이다. 성공과 거리가 멀어진 그들은 지방의 무명 음악가로 살아가고 있다. 하지만 이야기가 진행되면서 화자가 자신의 친구를 패배자라고 규정하는 것, 자기만큼은 그 저주받은 이름에서 어떻게든 벗어나려 몸부림치는 모습, 베르트하이머의 자살을 오로지 패배의식의 필연적 결과로 보려는 속된 관점을 보며 우리는 차차 의심하게 된다. 우리는 화자가 온전한 정신 상태가 아닐 수도 있다는 사실을 서서히 깨닫게 되며, 그가 굴드에 대해 거의 살인적인 시기심을 품고 있고, 베르트하이머에게는 라이벌 의식이 있으며, 베르트하이머의 자살에 깊은 죄책감을 느끼고 있다는 것을 알게 된다. 그리고 그는 굴드와 베르트하이머 둘 다 깊이 사랑하고 있으나 정작 본인은 이 모든 사실을 거의 인식하지 못하는 것 같다. 독자는 이 화자의 환상을 깊이 들여다보게 되는데, 이는 체호프의 단편소설 속 장교가 지닌 환상보다 더욱 격렬하고 체계적이며 정도의 차이가 있을 뿐 본질은 같다.

III

작가들이 세상을 진지하게 관찰할 때 그들은 무엇을 하고 있는 것일까? 어쩌면 그들은 관찰 대상의 생명을 죽음으로부터 구해내는 일을 하고 있는 것일지도 모른다. 이 죽음은 두 가지인데, 하나는 문학적 형식이 항상 삶에 강요하려고 위협하는 작은 '죽음'이고 다른 하나의 큰 죽음은 실제 죽음이다. 다시 말해서 작가들은 우리를 우리의 죽음에서 구출해주기 위해 노력 중이다. 내가 말하는 죽음이란 세부 사항들이 우리에게서 점차 멀어짐에 따라 서서히 희미해져가는 현실이다. 이는 어린 시절의 기억, 이제는 거의 잊어버린 맛과 향기와 촉감의 강렬함, 그리고 우리가 더 이상 관심을 두지 않음으로써 세상이 맞게 되는 느린 죽음이다. 크나우스고르는 나이가 든다는 것은 거울 앞에 서서 뒤통수에 다른 거울을 들고 점점 멀어지는, "볼 수 있는 한 점점 작아지는"[18] 이미지의 춤을 보는 것이라고 표현한 바 있다. 크나우스고르의 세계는 평범한 일상으로 가득한 모험이며, 그가 어린 시절에 경험한 무궁무진한 평범함들은("여름날을 가득 채웠던 소금기") 점점 멀어져간다. 사물과 대상과 감각이 무의미를 향해 저벅저벅 걸어간다. 이런 세상에서 작가의 임무는 이 느린 후퇴로부터 모험을 구출해내는 것이다. 가장 평범한 것에서 의미와 색채와 생명을 다시 불러오는 일을 해야만 한다. 그래서 그는 축구화와 잔디, 크레인과 나무와 공항, 깁슨 기타와 롤랜드 앰프, 올드스파이스 향수와 아약스 유니폼을 불러온다. "물론 우리는 지금 당장 슬래진저 테니스 라켓이나 트레통 테니스공이나 로시뇰 스키, 티아로카 바인딩, 코플락 부츠를 살 수 있다." 그는 쓴다. "우리가 살던 집들은 모두 여전히 같은 자리에 있다. 유일한 차이라면, 어린이의 현실과 어른의 현실 사이의 차이인데 그 집들에 더 이상 의미가 담겨 있지 않다는 것이다. *르꼬끄* 축구화 한 켤레는 이제 그저 축구화 한 켤레일 뿐이다. 지금 그 축구화가 내 손에 있다 해도 그것은 단지 어린 시절이 남긴 유물일 뿐 그 자체로는 아무것도 아니다. 바다도 마찬가지고 바위도 마찬가지며 여름날을 가득 채웠던 소금기도 마찬가지다. 이제는 그저 소금기일 뿐이며 그것으로 이야기는 끝이다. 세상은 어제와 똑같지만 똑같지 않다. 의미는 대체되었고 지금도 대체되고 있으며 점점 더 덧없음에 가까워져 가고 있기 때문이다."

문학은 회화와 마찬가지로 시간의 변덕에 맞서게 한다. 우리를 습관의 회랑에서 잠 못 들게 하고 서성이게 만들고, 죽은 것들 속에서도 어떤 것들의 생명은 살아나게 해주겠다고 제안한다. 오스카어 코코슈카에 관해 전해져 내려오는 일화가 있다. 그가 인체 드로잉 수업을 진행하고 있을 때였는데, 따분해진 학생들이 그림을 건성건성 그리고 있자 코코슈카가 모델에게 다가가 귓속말로 바닥에 쓰러지라고 말했다. 코코슈카는 쓰러져 있는 모델에게 다가가 심장 소리를 듣더니 학생들을 향해 모델이 죽었다고 발표했다. 학생들은 큰 충격을 받는다. 그때 모델이 다시 벌떡 일어나고 코코슈카는 이렇게 말한다. "자, 이제 이 사람을 살아 있는 사람처럼 그려보십시오." 소설에서였다면 이 살아 있는 몸은 어떻게 그려질까? 온전히 살아 있는 몸을 그리되,

그 몸이 사실은 언제든지 죽을 수 있고 또 죽어가고 있다는 사실을 알 수 있는 방식으로 그려질 것이다. 우리의 삶에 죽음의 그림자가 드리워져 있다는 점을 이해하고 나면, 작품에 생명력을 불어넣은 코코슈카의 미학에서 죽음을 바라보는 형이상학을 발견할 수 있을 것이다. (이것이야말로 진지한 관찰을 정말로 **진지하게** 만드는 것이 아닐까?) 솔 벨로의 후기 단편소설 〈나를 기억하게 하는 것〉에 나오는 구절도 비슷하게 읽힐 수 있다. 술에 취해 소파에 쓰러져 잠든 아일랜드 남자 맥컨을 묘사한 문단이다. "나는 외투를 내던지고 속옷까지 벗고 있는 맥컨을 바라보았다. 그의 파르르 떨리는 얼굴, 뾰족한 짧은 코, 생명의 징후가 느껴지는 목, 부러진 것처럼 한쪽으로 꺾여 있는 목, 복부에 난 검은 털, 다리 사이의 늘어진 피부가 주름진 모양으로 끝나는 짤막한 원통형 물건, 정강이의 흰 빛, 다리의 비극적인 표정."[19] 이것이 아마도 코코슈카가 그리고 싶었던 그림을 글로 표현한 것이라 할 수 있을 것이다. 벨로는 단어들로 살아 있을 수도, 살아 있지 않을 수도 있는 모델을 그린다. 이 그림은 언제라도 정물화가 될 것처럼 위태롭다. 그래서 그의 소설 속 인물은 맥컨이란 사람을 아주 유심히 바라본다. 마치 젊은 부모가 불안에 떨면서 잠들어 있는 아기가 숨을 잘 쉬고 있는지 확인하듯이. 그리고 그가 아직 살아 있다는 사실을 **생명의 징후가 느껴지는 목**이라는 한 구절로 보여준다.

나보코프는 경쟁심이 너무 강해서 동시대 작가인 솔 벨로에 대해 좋은 말을 하지는 않았지만, 이 잠든 남자에 대한 묘사를 읽다 보면 나보코프가 강의에서 언급한 대목을 떠올리지 않을 수 없다. 다음은 위대한 작가가 '잠자는 남자를 형상화'하는 방식에 대한 나보코프의 설명이다.

> 미숙한 작가에게는 진부한 장식 같은 것들만 남는다. 이러한 것들은 세계를 재창조하는 데 관심이 없다. 그들은 주어진 사물의 질서 속에서, 소설의 전통적인 패턴 안에서 자신이 할 수 있는 최선의 표현을 짜내려고 노력할 뿐이다. (…) 그러나 진정한 작가, 행성들을 회전하게 하고 잠든 남자를 형상화하며 잠든 사람의 갈비뼈를 열심히 만지작거

리는 작가는 주어진 가치만을 사용하지 않고 스스로 가치를 창조한다. 글쓰기의 기술이란, 이 세상을 소설로 피어날 수 있는 무언가로 보지 못한다면 부질없는 일거리에 불과하다.[20]

이러한 나보코프의 주장은 전지전능하고 낭만적인 작가관을 보여준다. 이런 작가는 다른 어떤 작가에게도 전혀 빚을 지지 않은 것처럼 보인다. 나보코프의 신화에서 이런 작가는 갈비뼈로 인간을 만드는 '신 자체'이고, 아마도 블라디미르 블라디로비치 나보코프 자신을 의미하는지도 모른다.

하지만 코코슈카와 나보코프 둘 다 핵심적인 진실을 포착하고 있다. 유명한 사람이 죽었을 때 그들이 남긴 마지막 말처럼 우리는 유독 그들과 관련된 사소하고 작은 것들을 기억하게 되고, 소설 속 인물에서도 역시 그렇다. 이렇게 현실에서도 세부사항을 기억하는 이유는 작가들이 결정적인 순간에 인생의 세세한 것들과 그 세세한 것들로 이루어진 인생을, 그들 곁에서 머물며 협박하고 있는 소멸로부터 지켜내고 싶어서가 아닐까 몽테뉴는 〈잔인성에 대하여〉에서 소크라테스가 생애 마지막 순간에 다리를 긁었다고 전해지는 일화를 언급한다. "족쇄가 풀리고 나서 다리를 긁으며 쾌감에 부르르 떨 때, 그는 과거의 불편함이나 앞으로 다가올 일들을 알면서도 자기 영혼 안에서 느껴지는 달콤함과 즐거움을 있는 그대로 드러낸 것이 아닌가?"[21] 몽테뉴는 기본적으로 소설 이전 시대의 작가이기에 소크라테스의 사소한 행동조차 미덕으로 해석하는 경향이 있고, 이 순간을 우연이 아니라 명료한 도덕적 정신의 증거로 본다. 반면에 후대의 톨스토이 같은 작가는 그러한 몸짓을 우연적이거나 자동적인 것으로, 즉 삶이 본능적으로 죽음을 넘어 스스로를 연장하려는 욕망으로 본다. 나는 지금 《전쟁과 평화》에서 피에르가 한 젊은 러시아 병사를 목격하던 장면을 떠올리고 있다. 이 러시아 병사는 눈가리개를 한 채 총살당하기 직전이지만 너무 세게 묶인 눈가리개 천이 불편한 듯 매듭을 만져서 느슨하게 만든다.

    이것이 죽음을 넘어서서 스스로를 밀어붙이고 죽음을 초월하는 삶의 잉여 life-surplus이다. 톨스토이의 이반 일리치를 생각해보자. 죽음을 눈앞에 둔 거대한 고독의 순간, 이반 일리치는 어린 시절에 먹었던 자두의 맛을 떠올리고 그 과일의 씨까지 베어 물었을 때 침이 흘러내렸던 것을 기억한다. 솔 벨로의 소설 《허조그》의 모지스 허조그는 맨해튼의 생선 가게 앞에서 수조에 갇힌 바닷가재를 보는데, 유리판에 눌려 "짜부라진 더듬이"[22]를 통해 죽음과도 같은 감금 상태에 저항하는 생의 불만을 고찰한다. 현대 미국 소설가 레이첼 쿠시너는 뉴욕의 길바닥 위에 짓뭉개져 있는 바퀴벌레를 관찰하며 "자기 생명의 흔적을 찾기 위해 이리저리 쏠어대는"[23] 길고 가느다란 더듬이를 본다. 리디아 데이비스의 단편소설 〈문법 질문Grammar Questions〉의 화자는 죽어가는 아버지가 순수한 부정이며 부사 'not'(소설 제목처럼 문법의 문제다)에 지나지 않는다는 결론에 도달하지만, 그녀가 기억하는 것, 즉 그녀의 이야기에서 **확장되는 것**은 병상에 누워 짜증스러운 듯 얼굴을 찡그리고 있는 아버지의 모습이다. 그녀는 살아오면서 이 찡그린 표정을 여러 번 보았고, 이것이 바로 벨로가 '생명의 징후'라고 부른 것이다.

관찰한다는 것은 구출하고 구원하는 것이며 삶을 그 자신으로부터 구해낸다는 것이다. 메릴린 로빈슨의 소설 《하우스키핑》에 등장하는 인물 중 한 명은 "소멸되어가는 것들의 생명을 느끼는" 소녀로 묘사된다.[24] 같은 책에서 로빈슨은 예수가 라자로를 죽음에서 부활시키고 심지어 그를 구하러 온 병사의 잘린 귀까지 복구해준 것에 대해 "이 성경의 이야기는 결국 부활이란 작고 세세한 것들에 최대한 주의를 기울이는 것일지도 모른다는 희망을 품게 한다."[25]라고 쓴다. 나는 천국이란 아주 작고 세세한 것들에 최대한 관심을 기울이고 그것들을 우리 곁에 불러오는 방식으로 우리가 잃어버린 무언가를 보상해주는 곳이라는 개념이 퍽 마음에 든다. 어쩌면 천국이란 진지한 관찰이 이루어지는 장소가 아닐까. 하지만 아마도 우리는 그와 같은 진지한 관찰을 통해서, 발터 벤야민이 "영혼의 자연스러운 기도: 주의 깊음 attentiveness"[26]이라고 말한 것을 삶에 적용함으로써 지상에서도 삶을 되찾아오거나 연장할 수 있을지 모른다. 우리가 주변 세상에 기울이는 것과 같은 세심한 주의를 죽은 자들의 그림자에도 기울인다면, 그들을 더 깊이 바라보고 변모시킴으로써 되살려낼 수 있을 것이다. 이 구절은 벤야민이 카프카를 주제로 아도르노에게 쓴 편지에서 나온 것이다. 그리고 아마도 아도르노는 《부정변증법》을 쓸 때 '주의 깊음'이라는 개념을 다시 떠올린 것으로 보인다. "만약 사유가 진정으로 대상에 자신을 내맡기고, 대상의 범주가 아닌 대상 자체에 주목한다면, 거기에 머무르는 사유의 시선 아래에서 대상 스스로가 말하기 시작할 것이다."[27]

그리하여 이 작고 사소한 것들이 다시금 우리에게 말을 건다. 사시나무와 라일락과 장미. 박하향의 전율. 그리고 짧은 입맞춤.

3
모든 것을 사용하기

Using Everything

I

어릴 때 나에게 가장 심오한 영향을 미친 책은 소설이나 시가 아니었다. 성경이나 셰익스피어 전집도 아니었고, 《호빗》이나 《듄》도 아니었으며, 독자와 작가들이 미소를 지으며 자기 인생을 바꾼 책을 회고할 때 언급하곤 하는 고전 문학이나 대중문학도 아니었다. 마틴 시모어 스미스라는 이름의 약간 정신 사나운 (그리고 어쩌면 살짝 정신이 나갔을지도 모르는) 시인이자 문필가가 엮은 《소설과 소설가들: 소설의 세계에 대한 안내서》라는 책이었다. 나는 이 책을 열다섯 살이던 1981년에 워털루역의 할인 도서 가판대에서 발견했다. 기능적이고 실리적이며 칙칙한 황토색 표지에 권위라고는 도저히 찾아볼 수 없는 이 책은 마치 비디오 대여점으로 직행하는 영화처럼 태어날 때부터 할인 매대 위로 올라갈 운명인 것 같았다. 앞표지에는 '소설의 기원과 발전', '범죄 소설', '공상 과학 소설', '소설과 영화'라든가, 나에게 가장 유용했던 '소설가들: 알파벳 순 가이드'라는 섹션 제목들이 나열되어 있어서 책의 내용을 짐작할 수 있었다. 그 옆으로는 아홉 명의 작가 사진과 초상—존 파울즈, 버지니아 울프(사람들이 책상 위에 붙여놓곤 하는 유명한 초상 사진), 레프 톨스토이, 헨리 제임스, 찰스 디킨스, 마크 트웨인, 솔 벨로, 존 르 카레, 앨리슨 루리—이 섞여 있었는데, 당시에 나는 그중 네 명을 알아볼 수 있었다. 이는 이 책의 대중없는 환대를 보여주는 이상한 조합이라 할 수 있었다.

'작업 중인 소설가'라는 장에는 매혹적인 사진 몇 점이 실려 있었다. 복슬복슬한 둥지 같은 러시아식 모자를 쓰고 있는 나보코프, 쿠바의 침실에서 셔츠를 벗고 그을린 상체를 드러낸 채로 타자기를 치고 있는 헤밍웨이, "북런던 자택의 작은 책상 앞에" 앉아 있는 베릴 베인브리지, 렌 데이튼은 "어수선하지만 안락한 서재"에 앉아 있는데 난로 옆에서 몸을 녹이고 있는 것처럼 보이기도 한다. 나는 사진 속 데이튼의 방을 유심히 살펴보았는데, 키 큰 창문에 널찍한 투명 플라스틱 시트가 걸려 있는 것을 발견하고는 흐뭇한 미소를 지었다. 외풍이 심하던 북잉글랜드 사제관의 서재에서 어린 시절에 보았던, 내가 아주 잘 아는 수법이었기 때문이다. 기본적인 단열 방법이었지만 우스꽝스럽게도 효과는 거의 없다시피 했다. 게다가 플라스틱 필터를 통과한 햇빛이 물속에서처럼 뿌예져서 가뜩이나 스산하고 볼품없어 보이는 방이 책으로 가득 찬 잠수함의 내부처럼 보였다. 책은 데이튼의 집필 방식도 다음과 같이 설명하고 있다.

> 문학과는 거리가 먼 노동자 계층 출신인 그는 장편소설이란 것이 얼마나 길어야 하는지도 모르는 채로 첫 소설 《입크리스 파일》(1962)을 쓰기 시작했다. 그러나 얼마 안 가 그는 굉장히 전문적인 집필 방식을 개발했는데, 등장인물 한 명 한 명에 대

해 정교한 사전 작업 노트를 작성하고, 인물들의 전반적인 인상을 묘사하기 위해 신문에서 무작위로 고른 사진을 종종 오려 붙이기도 했다. (…) 그는 타자기의 신기능을 누구보다도 빠르게 활용한 작가이기도 하다.[1]

타자기 기술을 숨 가쁘게 따라잡고 있지 않을 때의 데이튼은 필립 라킨이 "문 닫힌 저택의 그 녀석"*이라고 표현한 행운아의 전형처럼 멋진 전근대적 고독 속에서 살았던 것 같다.

그는 현재 포르투갈에 집을 두고 있지만 아일랜드에 살고 있다. 고립은 그에게 매우 필요한 것이었고 그를 방해 요소들로부터 자유롭게 해주었다. 런던 이스트엔드에 살 때에도 그는 자신에게 걸려오는 모든 전화를 메시지 대행업체나 전신 타자기로 받으면서 이런 고립된 생활을 사수했다. 그는 아일랜드에서 텔레비전 없이 살고 있는데, 이렇게

• 필립 라킨의 시 〈구멍 난 인생The Life With a Hole in It〉의 한 구절.

확보한 저녁 시간을 집필 작업에 하루가 추가된 것으로 계산했다.

나는 같은 장 바로 다음에 나오는 에밀 졸라의 작업 습관을 읽었을 때의 충격을 지금까지 잊을 수가 없다. "그는 때때로 잘 안 풀리는 문장과 씨름을 하다가 흥분하면 실제로 발기가 일어나기도 했다고 주장했다."

하지만 내가 특별히 매료된 부분은 전 세계의 소설가와 단편소설 작가들을 알파벳 순으로 정리해 소개한 장이었다. 마치 (스핀 브릿지에서 스카이 섬까지 다 나와 있는) 스코티시 하일랜드˙ 지도나 광택 나는 종이에 인쇄된 자동차 잡지를 넘겨 보거나 취리히에서 밀라노까지 가는 야간열차 시간표를 들여다보는 것처럼 흥미로웠다. 총 1348명의 작가들에게는 짧게는 40단어 길게는 250단어 정도의 간단한 소개 글이 주어졌다. 이런 작가 소개는 종종 주관적이었고 시종일관 가치 평가적이었으며, 대체

˙ 스코틀랜드 북부 고산 지대.

로 예리하고 때로는 재미난 방식으로 기발했다. 그 범위가 어찌나 시선을 사로잡았는지 낯선 지명으로 가득한 미지의 나라 같았다. 가령, 실비아 애슈턴 워너(뉴질랜드)부터 실비아 타운센드 워너(영국)까지, 그리고 그 사이의 모든 사람들—알퐁스 도데, 다자이 오사무, 필립 K. 딕, 비키 바움, 윌리엄 가스("그의 책은 읽기 어렵지만 소설 속 어떤 구절들은 생동감 넘치고 계시적이다."), 비톨트 곰브로비치(그에 대한 소개 전문을 보자. "폴란드의 소설가이자 극작가, 단편소설 작가. 20세기 가장 위대한 실험적 소설가 중 하나로, 자신의 소설을 읽고 당혹스러워하는 독자들에게 작품을 분석하려 하지 말고 작품과 '함께 춤을 추라'고 제안했다. 훌륭한 조언이다. 가장 흥미로운 소설로 《페르디두르케》가 있다."), A. S. 바이어트("독자를 혼란스럽게 하지만, 하고 싶은 말이 많은 작가"), 이탈로 스베보, 프리츠 라이버, 제프리 하우스홀드, 맨조니, 폰타네, 멜빌, 제인 그레이, 그레이스 메탈리우스(《페이턴 플레이스》의 저자), 딕 프랜시스 등—이 있었다. 미국의 역사 소설가라는 미스터리한 인물 윈스턴 처칠(1871-1947)이 있었고("방법론과 해석은 피상적이었지만 매우 전문적인 작가였다."), 그와 함께 에드먼드 윌슨, 앵거스 윌슨, 콜린 윌슨, 에텔 윌슨, 슬로운 윌슨(《회색 플란넬 양복을 입은 남자》의 저자)등도 나열되어 있다.

 이 사람들은 모두 **누구였을까?** 요약된 소개 글들이 별나긴 했지만 책의 형식과 한계를 감안한다면 이따금 정확하고 지적인 부분도 있었다. 이 책은 어떤 말을 해도 된다는 것처럼 보였고, 그래서 구태의연하기도 하고 가끔은 진실 여부가 의심스럽기도 한, 작가의 전기적 사실에 대한 소문에 가까운 내용이 담겨 있기도 했다. 하지만 몇십 년이 지난 지금, 이 책이 얼마나 많은 부분을 제대로 짚었는지를 깨닫고는 충격에 빠지곤 한다.

> 로렌스는 훌륭한 사상가라 할 수는 없었고, 사상이나 종교에 대한 이해라든가 그에 대해 점점 커지는 신경증적인 관심이 그의 예술을 방해하는 정도까지 나아가면 그의 예술적 자아는 실패해버린다. 아이디어는 점점 더 혼란스러워지고 자기비판도 부족하다. 하지만 그의 예술은 인간 본능에 대

한 찬사에서 샘물처럼 솟아나기에 자신의 직관에 따라 인간의 행동을 연구할 때 그는 매우 절묘하고 아름다운 문장을 구사하는 작가가 된다.

급진적이거나 뛰어난 비평이라 보기도 어렵고, 학문적 분석의 면밀한 검토를 견뎌내지도 못하겠지만, 일반 대중이 이해할 만한 수준은 꽤 잘 유지하고 있다. 가끔은 19세기 프로이센의 위대한 소설가 테오도어 폰타네의 경우처럼 내가 삼십 대 후반이 될 때까지도 읽지 못한, 상대적으로 저평가되었던 작가의 미학적 성취를 적극적으로 옹호하는 자세를 취하기도 한다. "그의 업적은 영어권에서 온당히 평가받지 못했으나 1967년에 《에피 브리스트》가 번역되면서 그에 걸맞은 독자를 확보하게 되었다." 아이리스 머독에 대한 소개는 이렇다. "그녀가 매년 한 권의 책을 출간했기 때문인지 각각의 작품들은 초기 소설에 잠복해 있던 결함들을 털어내지 못했다. 탁월함에 대한 비현실적이고 과열되고 과도한 욕심이 보이고, 캐릭터의 발전을 희생한 채 플롯에만 몰두하기도 하며, 지식인풍 말장난의 허위가 보인다."(열다섯 살 때에는 '허위faiblesse'란 단어가 무슨 뜻인지 몰랐고, '지식인풍 말장난arch donnish gags'이란 표현도 알 듯 말 듯했지만 두 단어를 발음할 때 나는 소리는 마음에 들었다.)

십 대 문학 소년에게 이 책은 위압적이고 아주 매혹적인 방식으로 '위대함'이라는 개념에 집착하고 있는 것처럼 보였다. 《소설과 소설가들》에 깔린 지배적인 관점은 작가란 위대함을 목표로 해야 하며, 평범한 책은 위대함에 도달하지 못한 책이라는 것이었다. 마치 자살만 쏙 빠진, 토마스 베른하르트의 냉혹한 세계에 갇혀 있는 것만 같았다. 내가 가지고 있는 오래된 판본을 보니 카프카에 대한 항목 중 다음과 같은 구절에 진지하게 밑줄을 그어놓은 것이 눈에 띈다. "2차 세계 대전이 끝날 무렵에 그는 금세기 가장 위대한 작가 중 한 명으로, 어쩌면 가장 위대한 작가로 자리매김했다." 프루스트에 대한 구절도 있다. "프루스트에 대한 속물적 숭배는 분명 존재하지만, 그럼에도 불구하고 그는 더할 나위 없이 위대한 작가임이 분명하다." 당시에는 읽지 못했지만 파베세의 소설 《달과 불》(나는 이 아름다운 소설을 이십 대 후반이 되어서야 읽었는데, 이 역시 시모어 스미스의 열렬한 찬사 덕분이었다)에 대한 설명에서도 깊은 감명을 받았고, 다음과 같은 격하고 위압적인 구절에 밑줄을 긋지 않을 도리가 없었다. "그의 마지막 소설 《달과 불》은 이탈리아에서의 삶 전반을 세 단계로 조명한다. 기술적인 면에서 이 작품을 넘어서는 이탈리아 소설은 금세기에 없었고 앞으로도 그럴 가능성은 없다." 그리고 **실제로 그럴 가능성은 없다.** 다행히도 당시에 내가 **읽었던** V. S. 나이폴에 대해서는 "그의 세대를 대표하는 예닐곱 명의 주요 영어권 소설가 중 한 명"이라고 소개되어 있다. (모호하게 특정된 그 '예닐곱 명'의 작고 유동적인 엘리트 그룹에서 나이폴이 첫 번째였을지 일곱 번째였을지 궁금하다.)

평가의 신뢰도를 높이기 위해서였는지 이 책은 짤막한 소개 뒤에 그 작가의 대표작 두세 권을 선정해 등급을 매겼다. 기준은 가독성, 플롯, 캐릭터 묘사, 문학성 네 가지였고 각각의 기준마다 최상은 별 다섯 개, 최하는 별 한 개로 표시되었다. 가히 문학계의 시스켈과 이버트*라 할 수 있었다. 내가 당시 학교에서 공부하며 무척이나 감명 깊게 읽었던 소설 《여인의 초상》은 네 가지 항목에서 모두 별 다섯 개를 받았다. 나는 그 옆에 '동의함'이라고 쓰고 요란하게 별표를 표시해두었다. 별 스무 개를 받은 책은 매우 드물었기에 이는 당연히 '매우 위대한' 작품이라는 뜻이었다. 프루스트, 로베르트 무질의 《특성 없는 남자》, 《미들마치》, 《화산 아래서》, 《체호프 전집》, 《아이들을 사랑한 남자》**, 함순의 《미스터리》, 피란델로의 단편들도 여기에 속했다(**그의** 아름다운 단편들에 대한 《소설과 소설가들》의 평가가 얼마나 옳았는지는 세월이 한참 지나서야 알게 되었다). 나는 트레인 스포터train-spotter***가 기관차 번호부를 사용하듯이 이 알파벳 순 작가 목록을 활용했다. 이를테면 작가 이름 옆에 십자가 표시가 하나만 있으면 읽었다는 뜻이었다(실망스럽게도 이런 경

- 진 시스켈Gene Siskel과 로저 이버트Roger Ebert. 미국의 유명한 영화 평론가 듀오. 영화 리뷰 TV 프로그램을 함께 진행하면서 '엄지 올리기/내리기'로 영화를 평가했다. 영화 평론에서 별점 시스템을 대중화시켰다.
- 오스트레일리아의 소설가 크리스티나 스테드Christina Stead(1902-1983)의 장편소설.
- 취미로 기관차를 관찰하고 기관차 번호를 기록하는 사람.

우는 매우 적었다). 십자가 표시 두 개는 "매우 중요한 작가이지만 아직 읽지 않음", 세 개는 "어느 정도 중요한 작가이지만 아직 읽지 않음"을 의미했다. 내가 그때까지 제대로 읽어보지 못했던 윈덤 루이스는 두 개였고, 조르주 상드(역시나 읽지 못했다)는 세 개, 클로드 시몽은 두 개("그는 아마도 현존하는 가장 분석적인 소설가일 것이다"), 델모어 슈워츠는 네 개였다. 목록은 이런 식으로 계속 이어졌다.

솔직히 이런 책을 우습게 보기는 쉽다. 무뚝뚝한 진지함, 미학적 독단, 별점과 등급에 대한 탐욕스럽고도 지나치게 남성적인 집착, 백과사전식 나열이 애서가들의 비웃음을 살 수도 있다. 그러나 지금의 나는 분명 그때와는 다른 방식으로 이 책이 얼마나 다정하고 순수했는지 깨닫고 새삼 놀란다. 작가들 옆에 붙은 이 짧은 설명들은 문학이라는 세계 안에서 누군가가 나에게 보낸 열정적인 메시지처럼 느껴진다. 그 메시지들은 거의 절박할 정도로 열렬히 작가와 그들의 작품을 옹호하고, 창작의 원천에 가까이 다가갈 수 있다고 말하며, 글쓰기의 중요성에 대한 깊은 확신을 지니고 있다. 위대한 책은 삶과 죽음을 걸 만한 가치가 있으며, 그렇기에 나쁘거나 지루한 책들은 식별되고 걸러져야 한다는 확신이다. 나는 이것이야말로 작가가 문학에 대해 이야기하는 방식이라고 느꼈다! 또한 이 책은 (비록 당시의 나는 정확히 파악할 수 없었지만) 문학을 평가하는 잣대에 있어서 매우 중요한 이중성을 구체적으로 재현하고 있었다. 시모어 스미스는 그저 그런 것, 좋은 것, 아주 좋은 것, '위대한 것'으로 평가를 분류하는 일에 매우 신경을 썼다. 그러나 다른 한편으로 이 책의 터무니없이 포괄적인 환대는 그러한 기획을 무색하게 만들어버린다. 아니, 완전히 무색하게 만들지는 않더라도 독자에게 미학적인 위계란 다분히 유동적이고 개인적이며 얼마든지 특이하고 언제든 수정될 수 있으며 어느 정도는 일관성이 없을 수도 있다는 사실을 상기시키는 것 같다. 문학적 평가라는 것(우리가 어떤 작품을 좋아하는지 아닌지, 얼마나 좋고 나쁜지, 왜 그런지를 결정하는 일)이 우리의 삶이 본질적으로 엉망진창이고 이해할 수 없는 일로 가득하다는 사실과 떼어놓을 수 없는 관계처럼 보이는 것이다. 당신은 체호프를 사랑하면서도 렌 데이튼을 사랑할 수 있는데, 체호프를 사랑하는 이유와는 완전히 다른 이유로 그를 사랑할 수 있다. 어쩌면 당신은 체호프가 기르던 닥스훈트 중 한 마리의 이름이 '히나'*라는 걸 알고 나서부터 그를 사랑하게 된 것일 수도 있다.

워즈워스는 자신의 동생 존 워즈워스를 '침묵의 시인'이라고 불렀는데, 같은 맥락에서 우리는 모두 침묵의 시인일 수 있다. 하지만 사실 우리는 모두 침묵의 비평가이다. 모든 사람이 시인의 눈을 갖고 있지는 않지만 모든 사람이 자기 의견을 말할 줄 아는 혀는 갖고 있기 때문이다. 평가를 한다는 것은 자연스럽고 본능적일 뿐 아니라 작가들이 특히 더 잘하는 일이기에 우리는 평가할 때 작가다워진다고 할 수 있다. 이삼십 년 전만 해도 작가들에게 무엇보다 중요한 것, 즉 작가들이 문학 작품에 대해 던지는 첫 번째 질문(**이 작품은 과연 좋은 작품**

---

* 의사였던 체호프는 약물의 이름을 따서 자신이 기르는 닥스훈트 두 마리에게 각각 '브롬'과 '히나'라는 이름을 붙여주었다. 히나(영어명은 '퀴닌quinine')는 항말라리아 약물이면서 동시에 토닉워터 등에 쓴맛을 내는 데 사용된다.

인가?)은 대학교수들에게는 대체로 크게 상관이 없는 일이었다. 작가들은 자연스럽게 우리가 미학적 성취라 부를 수 있는 것에 관심을 가진다. 성공적인 무언가를 창조하기 위해서는 다른 사람들의 성공적인 작품과 그렇지 못한 작품에 대해 배워야 하기 때문이다. 학계에서 이런 가치 평가의 대부분은 단순한 인상 비평을 닮아 있었고, 가끔은 여전히 그렇게 보이기도 한다. 오직 문학 이론 때문에 학계가 평가에 점점 더 경계심을 갖게 된 것은 결코 아니다. 물론 포스트모더니즘과 해체주의적 사고는 작품이 주장하는 일관성을 의심하며, 그로 인해 작품의 형식적인 측면에서의 성공 여부에 대한 논의에 무관심하거나 적대적일 수 있다. 하지만 전통적이고 비非이론적인 비평과 학계는 종종 가치에 대한 질문이 자신들과 크게 관련이 없거나 이미 정전이 확립되어 있으므로 논의할 가치가 없다고 보는 경향이 있었다. 시간을 할애해 텍스트가 작동하는 방식을 설명하는 것과 그 텍스트가 얼마나 잘 작동하는가를 논하는 것이 반드시 일치하지는 않았다. 비록 후자가 전자에 포함되어 있는 것처럼 보이지만 꼭 그렇지는 않다. 과연 어느 교수가 수도 없이 《여인의 초상》을 가르치면서 이 작품이 얼마나 아름다운지 학생들에게 설명하려는 수고를 들이겠는가? 하지만 작가들은 다르다. 배우고 모방하려는 욕망으로 가득 찬 대부분의 작가에게는 좋은 작품인지 아닌지가 유일하게 중요한 질문이다. 시대는 변했고 한때 이론 전쟁이라고 불렸던 상황은 생산적인 교착 상태로 끝났다. 대략적으로 말하자면 양쪽 다 승리했다는 뜻이다. 결과적으로 오랜 세월 동안 사랑받은 고전 작품들이 난폭하게 다른 작품으로 대체되지도 않았고, 그와 동시에 유익한 방식으로 확장되었다. 그리고 모든 문학 비평가들, 심지어 전통적 비평가들조차도 해체주의와 후기구조주의로부터 중대하고 혁신적인 통찰을 배웠다.

그러나 소위 **작가 비평**이라고 부를 수 있을 만한 것을 식별하고 적용하면서 학계의 전통적 비평과 어느 정도 구별하려 노력할 가치는 있다. 엄밀히 말하자면 학계에 이루어지는 문학 비평은 뒤늦게 제도 안에 자리 잡은 분야다. 19세기의 마지막 몇십 년이 시작되기 이전까지 문학 텍스트 연구는 종교 문학이나 고전 문학 연구에 국한되어 있었다. 1차 세계대전 무렵이 되어서야 현대 영문학에 대한 형식적 연구가 오늘날의 형태를 갖추기 시작했는데, 이는 부분적으로 독일 혐오적인 영국 민족주의라는 무기가 필요했기 때문이었다. 이 시기에 이른바 영문학이라고 불린 학문의 부상은 이를 연구할 교수들을 채용하는 것으로 시작되었다. 이들 교수 중 상당수는 많은 사람들이 기꺼이 지적하듯이 순전히 아마추어에 불과했다. 아서 퀼러 코치 경Sir Arthur Quiller-Couch, 아서 클러턴 브록Arthur Clutton Brock과 같이 세 단어로 된 이름을 가진 지식인들은 전문가다운 강연을 몇 차례쯤 하고 나서 자신의 문학 클럽으로 은퇴하여 애매한 문학적 합의가 이루어지는 곳 한가운데에서 꾸벅꾸벅 졸았다. 그때는 말하자면, G. S. 고든이 《타임스 리터러리 서플먼트》에 글을 기고한 덕분에 월터 롤리의 뒤를 이어 옥스퍼드 대학교 영문학과 교수직을 얻을 수 있었다고 알려진 세계였다.˙ 이 초창기 영문학 교수들은 사람들이 문학적 평가를 부정적으로 바라보게 만들었고, 문학 비평이 평가에 강하게 반발하며 준과학적 지위를 추구하게 했다. 이는 1940-50년대 신비평 이후 대다수 문학 비평 운동의 흐름을 주도했다.

하지만 문학 비평은 옥스퍼드, 케임브리지, 에든버러, 에버딘, 파리, 예일, 하버드 대학에 분과 학문으로서 도입되기 훨씬 이전부터 존재해왔다. 비평은 **문학**으로서 존재했고 문학 전통에 속해 있었으며 작가들에 의해 실천되었다. 이는 문학적 평가를 긍정적으로 바라보게 하는 방식의 비평이었다. 말하자면, 수사학에 대해서는 퍼튼햄, 시에 대해서는 시드니, 모든 사람에 대해서는 새뮤얼 존슨,** 해

- 월터 롤리Sir Walter Alexander Raleigh(1861-1922)는 1904년에 옥스퍼드 대학교 영문학과의 첫 번째 주임 교수가 되었으나 그 역시 비평가보다는 자극적이고 비공식적인 강연자로서 더 유명했다. 고든George Stuart Gordon은 롤리가 사망한 1922년에 같은 대학 영문학 교수로 취임했다. 《타임스 리터러리 서플먼트》는 1902년 런던에서 창간된 주간 문학 잡지로 롤리가 영문학 교수로 부임한 시기, 즉 저자가 영문학의 부상이라고 언급한 시기이다.
- 순서대로, 조지 퍼튼햄(1529-1590): 영국의 작가 겸 문학 비평가. 시와 수사학을 다룬 《영국 시의 예술The Arte of English Poesie》(1589)의 저자로 유명하다. 필립 시드니(1554-1586): 영국의 시인, 학자, 군인, 정치인. 108편의 소네트 연작을 써서 셰익스피어와 비견될 정도로 유명한 작가로 자리매김했다. 사후에는 문학 비평 작품인 《시를 위한 변론The Defence of Poesy》(1595)이 출간되기도 했다. 새뮤얼 존슨(1709-1784): 영국의 시인, 전기 작가, 문학 비평가. 영국 시인 52명의 전기와 작품론을 정리해 《영국 시인전Lives of the Poets》(1779-1781)을 집대성했다.

즐릿의 에세이들, 콜리지(이론과 실제를 겸비한 비평가로 '실제 비평'[2]이라는 용어를 만들었다), 고야에 대해서는 보들레르, 버지니아 울프, 프루스트나 카프카에 대해서는 벤야민, 러시아와 영국 소설에 대해서는 V. S. 프리체트(울프와 프리체트 둘 다 대학에 다니지 않았다), 랜달 자렐, 엘리자베스 하드윅, 줄리앙 그라크가 있었다는 뜻이다. 이것이 바로 작가 비평의 전통, 작가 겸 비평가의 전통이며 지금까지도 계속해서 이어져오고 있다. (조지프 브로드스키의 에세이, 도스토옙스키에 대한 체스와프 미워시[*]의 비평, 유럽 소설에 대한 밀란 쿤데라의 글, 현대 작가들에 대한 제이디 스미스, 알리 스미스, 데이비드 포스터 월러스의 글들을 생각해보라.)

《소설과 소설가들》이 보여주고 있는 이런 비평은 학문의 상아탑에 갇혀 있지 않으며 우리가 사는 세상 속에 자리 잡고 있다. 그러한 비평은 생각

• 1911-2004. 폴란드 출신의 작가, 시인, 평론가. 1980년에 노벨 문학상을 수상했다. 1970년에 미국에 귀화했다가 1989년 폴란드 공산주의 정권 붕괴 후 미국과 고국을 오가며 작품을 썼고, 2000년에 크라쿠프로 돌아왔다. 도스토옙스키를 철학적, 신학적, 종교적 관점에서 연구한 학술 논문을 다수 썼고, 이를 주제로 강연했다

이 떠오르거나 손에 잡히는 모든 것을 활용하는 데 주저함이 없다. 결국 비평이란 지극히 실용적인 것이다. 뉴욕에 본사를 둔 문예지 《엔플러스원n+1》의 창립자인 마크 그리프는 최근에 비평의 적절한 기반을 언급한 케네스 버크(글을 쓰기 위해 컬럼비아 대학을 중퇴한 뒤 어디에도 속하지 않고 자유롭게 떠돌아다니는 미국의 지식인이었다)의 글을 인용했다. "내가 이해하는 이상적인 비평의 핵심은 사용할 수 있는 모든 것을 사용하는 것이다." 그리프는 현명하게 덧붙인다. "이는 버크보다 앞선 많은 위대한 비평가들이 추구했던 방법이며, 오늘날 우리가 단기간에 걸쳐서 하고 있는 작업들보다 훨씬 오래도록 살아남을 것이다."[3]

II

〈《맥베스》에서 문 두드리는 소리〉라는 토머스 드 퀸시의 유명한 에세이가 있다. 드 퀸시는 《맥베스》 2막에서 맥베스가 왕을 살해한 뒤 문 두드리는 소리를 듣는 장면에 왜 그토록 영향받았는지를 오직 자기 자신이 만족할 만한 수준에 이를 때까지 설명하려고 한다. 이어서 문지기가 등장해 과도한 음주의 좋은 점과 나쁜 점을 이야기하고("술은 욕정은 일으키지 실행력은 뺏어가니까요.") 왕을 깨우러 온 맥더프와 레녹스를 위해 천천히 문을 연다. 드 퀸시는 이 순간에 무언가 이상한 일이 벌어지고 특별한 변화가 일어나고 있다는 것을 인식하지만 그 이유를 딱히 설명하지 못한다. 그는 자신의 '이해 understanding'를 사용하려 한 것이 문제였다고 결론 내린다. 그는 이해란 전혀 도움이 되지 않을 뿐만 아니라 작품에 대한 적절한 분석을 방해한다는 점을 우리에게 상기시킨다. "단순한 이해는 유용하고 필수적이긴 하지만 인간의 정신에서 가장 보잘것없는 능력이며 가장 신뢰할 수 없는 것이다. 그럼에도 불구하고 대부분의 사람들은 자신이 이해한 것 외에는 아무것도 믿지 않으려 한다."[4] 그는 다음과 같이 예를 든다. 원근법에 대한 사전 지식이 없는 사람에게 거리를 그려달라고 요청해보자. 그 사람은 눈앞에 보이는 것을 무시한 채 자신이 이해하고 있는 바에 따라 그림을 그리기 시작할 것이다. 그는 그렇게 그려야만 한다고 생각하면서 수평선을 그릴 테고, 결과적으로 자신이 원했던 회화적 효과는 얻지 못할 것이다.

드 퀸시는 문 두드리는 소리가 왜 특별한 반응을 불러일으켰는지에 대해 자신의 '이해'가 어떤 이유도 제시하지 못했다면서 설명을 이어간다. 사실 "내 이해는 그 소리가 어떠한 효과도 일으킬 수 **없다**고 말했다. 하지만 나는 분명 그 노크 소리에 어떤 의미가 있다고 느꼈다는 사실을 알고 있었다. 나는 이 문제를 해결할 수 있도록 도움을 줄 수 있는 지식이 더 나타날 때까지 기다리며 이 문제에 매달렸다."

그로부터 얼마 지나지 않은 1811년 12월, 그가 기다리던 추가적인 지식이 런던 이스트엔드에서 랫클리프 고속도로 살인 사건이라는 형태로 나타났다. 첫 번째 살인 이후에 셰익스피어의 모티브와 유사한 사건이 일어났는데, 살인자가 '처형 작업이 완료된' 직후 문 두드리는 소리를 들었다고 진술한 것이다. 이로써 셰익스피어가 발명해낸 이야기가 현실이 되었다. 마침내 드 퀸시는 "나 자신이 만족할 정도로는 해결했다"라고 선언했다. 하지만 독자를 쥐락펴락하는 능숙한 에세이스트답게 그는 무엇이 해결되었는지는 정확히 밝히지 않았다. 드 퀸시에 따르면, 우리가 기절한 사람 앞에서 가장 크게 반응하는 순간은 그 사람이 의식을 되찾아 다시 벌떡 일어날 때이며, 이는 "중단되었던 삶의 재개"를 알리는 것이다. 혹은 이런 상황을 생각해볼 수도 있다. 당신은 국가적인 장례식이 있는 날 텅 비고 고요한 런던 대도시를 걷는다. 장례식이 끝나고 일상으로 돌아오면 문득 이전의 삶이 중단되어 있었다는 사실을 떠올리게 된다. "어떤 방향에서건 모든 행동은 반작용을 통해 가장 잘 설명되고 측정되며 이해된다." 이제 이 말을 《맥베스》에 적용해보자. 드 퀸시는 우리가 이 희곡을 제대로 이해하려면 살인자에 대한 공감이 필요하다고 결론짓는다. 우리는 살인자의 감정 속으로 들어가고 그를 이해하는 단계로 나아가게 된다. 맥베스와 그의 아내가 잔인무도한 행위를 저지를 때 평범하고 건강한 삶은 중단된다. 그러나 우리는 맥베스의 독백을 들으면서 그의 마음속에 계속 머물러 있었기 때문에 삶이 중단되는 것을 인식하지 못한다. 문 두드리는 소리는 드 퀸시가 "삶의 맥박이 다시 뛰기 시작하는 소리"라고 부르는 것이며, "우리의 일상이 재개된다는 것을 확인시킨다. 그리고 일상을 중단시켰던 끔찍한 삽입구를 온몸으로 감각하게 만든다."

드퀸시의 글은 놀라운 지적 통찰을 보여준다. 문 두드리는 소리와 문지기의 왁자한 코미디가 바로 직전에 나왔던 공포와 극명하게 대비되는 이 확실한 효과는 드 퀸시의 관심을 그다지 끌지 못한다. 그는 이런 대비가 당연하다고 생각하기 때문이다. 하지만 문 두드리는 소리가 단순히 삶의 맥박이 돌아오는 것이라는, **그다음으로** 확실한 효과 역시 그의 관심을 끌지 못한다. 다만, 평범한 일상의 귀환이 이전의 결핍을 상기시켜준다는 점은 흥미를 끄는데, 이는 **이전에 알아차리지 못했던 삶의 중단**이 있었다는 것을 알려주기 때문이다. 따라서 드 퀸시가 자신의 수수께끼에 대해 내린 결론은 이 글의 형식 속에 이미 구현되어 있는 셈이다. 드 퀸시는 문 두드리는 소리가 지금껏 우리가 간과했던 무언가(평범한 일상의 중단)를 상기시켜준다는 사실을 발견한다. 그리고 이와 같은 방식으로 드 퀸시의 글은 그 자신이 간과했던 어떤 중단을 우연히 발견한다. 그것은 그의 직관적 지성의 중단, 즉 그가 (우리 같은 현대인에게는 의아한) '이해'라고 부른 것에 의한 직관의 죽음이었다. 그는 자신의 직관이 다시 살아나게 해야만 했다.

나 또한 드 퀸시가 문 두드리는 소리를 살인을 저지른 맥베스의 고동치는 심장 소리(다시 말하지만, 이는 셰익스피어가 의도한 명백한 비유이다)가 아니라 평범한 일상적 삶의 맥박과 연결시켰다는 점이 마음에 든다. 드 퀸시의 글은 "사용할 수 있는 것은 모두 사용한다"는 버크(18세기 영국의 철학자 에드먼드 버크가 아니라 미국 작가 케네스 버크)의 관점에서 보아도 뛰어나다. 드 퀸시에게는 해결해야 할 해석의 문제가 있었다. 그는 이 문제를 손때 묻은 텍스트에 몰두하고 있는 고립된 해석가가 아니라 《어느 영국인 아편 중독자의 고백》*을 쓴 도시 산책자처럼 해결하고자 했다. 그는 런던에서 발생한 실제 살인 사건을 생각하고, 일상생활이 잠시 중단된 도시의 거리를 배회하던 기억을 떠올린다. 어떤 미학적인 문제는 부분적으로는… 삶에 의해 풀린다. 일상적인 살아감ordinary existence에 의해서 말이다. 드 퀸시는 삶에서 사용할 수 있는 모든 것을 사용했다. 그런 면에서 그는 타고난 민주주의자라고 할 수도 있을 것이다.

    드 퀸시는 단순함을 두려워하지 않고 이해의 부족함도 순순히 인정한다. 사실 이 두 가지는 긴밀하게 연결되어 있다. 우리는 종종 어떤 소설이나 시를 읽고 나서 "감동적이었어요", "아름답더군요", "어떻게 **말해야** 할지 모르겠어요" 같은 식으로 단순하게 말할 수밖에 없는 경우가 있다. 나는 이 점이 혼란스럽다. 단순함은 초기 단계의 정서 상태이며, 이 드넓은 영역에서 우리는 작품을 접하고 처음으로 느낀 정서적 반응을 표현한다. 드 퀸시는 단순함에서 복잡함으로 나아가지만, 그의 복잡함도 알

• 드 퀸시의 자전적 소설. 치통을 치료하기 위해 아편을 복용했다가 지적 마비와 환각을 겪고 무기력과 우울 같은 금단 증상에 시달렸던 경험을 가감 없이 그렸다. 아편에 중독되어 있을 때 드 퀸시는 밤마다 거리를 돌아다니고 낮에는 잠만 잤다고 한다.

고 보면 상당히 단순하다. 전문 비평가가 아닌 작가들의 비평은 종종 단순하고 거대한 것을 말하거나 바라보는 방식을 보여준다. 예를 들어, 위대한 단편소설 작가인 유도라 웰티는 소설의 상징을 다룬 글[5]에서 모비딕에 대한 자신의 생각을 밝혔는데, 그 생명체가 너무나 거대한 상징이어서 고래일 **수밖에** 없다고 말했다. 소설이 상징을 어떻게 활용하는지에 대해 깊이 있고 단순한 요점을 소설적 위트로 설명한 것이다.

내가 감탄해 마지않는 비평은 대부분 특출나게 분석적인 글이 아니라 진정한 열정으로 이루어진 재서술re-description이다. 때로는 시인이나 소설가가 낭독하는 시나 문장을 듣는 것이 비평적인 행위가 되기도 한다. 작가들이 항상 배우와 연기에 관심을 가져온 데에는 그럴 만한 이유가 있다. 배우가 가장 순수한 최초의 비평가라는 점을 알고 있기 때문이다. 시나 희곡을 소리 내어 읽는 것과 자신이 들려주고자 하는 문학을 다시 이야기하는 것retelling은 동일 선상에 있다. 좋은 비평가는 비평이란 어떤 면에서는 자신이 읽고 있는 이야기에 대한 이야기를 들려주는 것임을 인식하고 있다. 그래서 드 퀸시가 독자로서 자신이 발견한 것을 이야기할 때 우리는 매료되는 것이다.

나는 이런 방식의 비평적 다시 이야기하기를 책에 대한 글쓰기가 아니라 책을 **통과하는** 글쓰기라고 부르고 싶다. 이 통과하는 글쓰기는 종종 문학 작품이 사용하는 은유와 비유의 언어를 사용함으로써 이루어진다. 이는 문학 비평이 지닌 차별성을 인식하는 것이기도 하다. 문학 비평은 자신이 설명하고 있는 것과 동일한 매체인 언어를 사용해 자신의 작업을 수행하는 특권을 가지고 있기 때문이다. (쓸쓸한 음악 평론가, 처량한 미술 평론가들이여!)

콜리지가 스위프트에 대해 "그는 라블레의 영혼을 가졌으나 메마른 곳˙에서 살고 있었다"[6]라고 할 때나 헨리 제임스가 발자크는 자기 작품에 너무

• 프랑스의 작가 프랑수아 라블레가 유머와 저속한 농담이 섞인 풍자적 작품을 쓴 반면에 볼테르가 '영국의 라블레'라고 부른 아일랜드의 작가 조너선 스위프트는 《걸리버 여행기》와 같은 작품에서 냉소적이고 신랄한 풍자를 구사했다. 콜리지의 이 표현은 스위프트가 라블레와 같은 재능을 지녔지만, 그 문체와 세계관이 냉소적이고 통렬한 방식으로 드러났음을 의미한다.

헌신적이어서 "속세의 베네딕토회 수도사"[7]가 되었다고 말할 때(그는 이전에 쓴 플로베르에 대한 에세이에서도 이 표현을 사용했는데, 무척이나 마음에 들었는지 자기 표절을 했다), 그리고 프리체트가 포드 매덕스 포드에 대해 이야기하면서 그가 위대한 예술 작품을 탄생시키는 '결연한 혼미determined stupor'[8]에 결코 빠지지 못했음을 한탄할 때, 이 작가들은 이른바 창의적 작품에 내재한 은유 또는 비유와 질적으로 구분될 수 없는 이미지를 만들어내고 있는 것이다. 다시 말해 그들은 문학의 언어로 문학에 말을 건다. 문학의 언어로 문학에 말을 건다는 것은 사실상 뮤지컬이나 연극 공연과 같으며, 비평의 행위인 동시에 다시 목소리를 내는 행위re-voicing이다. 이런 행위에는 작가적 경쟁심 또는 비평의 대상이 되는 작품에 깊이 다가가려는 욕망이 스며 있으며, 이로써 작가는 대상을 비평하면서 동시에 자신의 재능을 전시하게 된다. 대표적으로, 버지니아 울프가 《타임스 리터러리 서플먼트》에 기고한 모든 글을 익명으로 발표했던 예를 들 수 있다. 그녀는 글쓰기 스타일로서 자기 존재를 드러내야 했고, 어떤 글이 울프의 글인지 누구나 알아차릴 수 있었다.

은유는 문학의 언어이며, 따라서 문학 비평의 언어이기도 하다. 철학자 테드 코언은 자신의 저서 《타인을 생각하기: 은유 재능에 관하여》에서 우리가 소설을 읽는 방식뿐 아니라 다른 인물과 동일시하고 그들의 입장이 되어보는 방식에는 은유가 핵심적인 영향을 미친다고 주장한다. 코언은 은유가 허구적 동일시와 유사하다는, 단순하지만 때로는 간과되는 사실을 먼저 짚어낸다. 우리가 은유적으로 'A는 B다'라고 말할 때 우리는 **A를 B로** 생각하게 되고, 이는 A에 대한 새로운 생각으로 이어진다. 코언은 A를 B로 '보는' 능력이 인간이 가진 중요한 재능이며 이를 '은유 재능'[9]이라고 표현한다. 은유 재능은 단순히 은유를 만드는 시적 재능(사르트르가 그랬던 것처럼 나무의 뿌리가 발톱과 닮았다고 보거나 비숍이 그랬던 것처럼 택시 미터기가 도덕적 판단을 하는 올빼미 같다고 보는 것)을 의미하지 않는다. 그는 은유란 우리가 우리 자신을 소설 속 등장인물과 동일시하도록 이끄는 원동력이라고 생각한다. 은유는 우리에게 "어떤 대상을 그것이 아닌 다른 것으로 생각하도록" 요구하기 때문이다. 그는 이를 '개인적 동일시'의 은유라고 부른다.

코언은 본질적으로 가령 내가 "나는 버락 오바마다" 혹은 "나는 맥베스다"라는 진술이 은유를 구성하는 일종의 공감적 동일시라고 주장한다. 그는 대부분의 사람들이 "나는 버락 오바마다"라는 말을 "줄리엣은 태양이다"와 같은 방식의 은유라고 생각하지 않을 것이라고 인정한다. 그럼에도 코언은 이러한 문장을 이해하는 능력이 은유를 이해하는 능력과 동일하며, 우리가 허구적 인물에 대해 읽을 때 은유적인 교류가 일어난다고 말한다. 허구적 인물과의 동일시는 엄격한 정체성의 문제가 아니라 비유적 동일시의 문제이기 때문이다. A를 B로 볼 수 있다고 말할 때, 우리는 A와 B가 동일한 속성을 공유하는 것이 아니라 "B가 가진 어떤 속성을 A 또한 갖고 있다고 생각할 수 있고, 이는 실제로 A가 가진 속성이 아닐 때에도 그렇다."

다시 말하자면, 1장에서 언급한 바와 같이 "소설은 **꼭 그렇지는 않은**not quite의 게임"이다. 이것이 바로 드 퀸시가 자신의 에세이에서 주장한 것이다. 그는 우리가 살인자와 동일시했기 때문에 일상적 삶의 중단을 놓쳤다고 예리하게 지적한다. 물론 문자 그대로 동일시를 했다는 말은 아니다. 셰익스피어는 "살인자에게로 관심을 돌려야 한다. 우리의 공감은 **그를** 향해야 한다(물론 내가 말하고자 하는 것은 연민이나 승인의 공감이 아니라 우리가 그의 감정 속으로 들어가 그것을 이해함으로써 이루어지는, 이해로서의 공감이다)." 그리고 드 퀸시는 공감에 대해 자기만의 방식으로 도약을 감행한다. 문 두드리는 소리의 효과를 제대로 이해하기 위해서는 삶의 중단과 다시 깨어남이 어떤 느낌인지 직접 체험해야만 했던 것이다. 콜리지는 허구적 작품의 미메시스를 의심하지 않고 수용하는 것을 불신의 중단suspension of disbelief이라고 말한 바 있다. 드 퀸시는 이 불신의 중단을 통해 자신의 '이해'의 중단을 관리하고, 자신이 던진 질문에 대한 답에 도달한다.

코언은 철학자 아놀드 아이젠버그가 1949년에 쓴 〈비판적 커뮤니케이션〉이라는 논문을 인용한다. 코언이 "놀랍도록 간결하고 효과적인 논증"이라고 부른 이 논문에서 아이젠버그는 비평가가 예술 작품의 속성을 언급하는 것은 가치 판단을 뒷받침하는 **근거**를 만드는 것이라는 일반적인 관념에 대해 반론을 제기한다. 아이젠버그에 따르면, 비평가가 진정으로 희망해야 하는 것은 예술 작품의 속성에 대해 주의를 환기시킴으로써 독자가 작품에 대해 자신과 **비슷한 견해**를 갖도록 유도하는 일이다. 이렇게 함으로써, 아이젠버그의 표현에 따라 그 비평가는 독자와 '비전의 동일성sameness of vision'을 달성할 수 있다(비전의 동일성이란 독자와 비평가에게 형성되는 정체성인 셈이다). 코언은 이어서 이것이 은유의 사용에 대한 탁월한 설명이라고 지적한다. "당신이 'X는 Y다'라는 은유를 사용할 때 당신은 내가 당신처럼 X를 Y로 보기를 바라는 것이다. 아마도 당장은 내가 X를 당신처럼 보게 하는 것이 목표이겠지만, 궁극적인 바람은 내가 당신이 느끼는 것처럼 X를 느끼도록 하는 것이다."

요약하자면, 은유는 동일시의 한 형태이다. 허구적 인물과 동일시하는 것 또한 일종의 동일시이며, 따라서 은유적 도약이다. 그리고 비평 또한 비슷한 방식으로 작동하는 것처럼 보인다. 비전의 동일성 또는 유사성을 작동시키고 비유적 동일시를 실행하면서 비평가는 사실상 이렇게 말하고 있는 것이다. "나는 당신이 이 텍스트를 내가 보는 것과 같이 볼 수 있도록 노력할 것입니다."

한 가지 덧붙이고 싶은 것은, 만약 이 '비전의 동일성'이 효과적인 은유로 잘 전달되었다면, 은유의 언어(작가 겸 비평가 자신의 은유성)는 그 과정을 구현한 언어이자 가장 잘 실현해내는 수단이라는 점이다. 두 번째로, 상상적 동일시가 근본적으로 은유적이라면 독자(또는 비평가)의 은유적 동일시는 작가의 은유적 동일시와 매우 유사하다. 셰익스피어가 맥베스라는 인물 속으로 들어가 맥베스가 된 자신을 상상해야 했던 것처럼 독자도 마찬가지로 그렇게 해야만 하며, 그럼으로써 독자 또한 창조적 행위에 참여하게 된다. 따라서 독자의 행위는 작가의 행위이기도 하다. 만약 동일시를 하는 비평가의 글쓰기 또한 은유적이라면 우리는 아놀드 아이젠버그의 표현 그대로 '비전의 동일성'에 조금 더 풍부한 의미를 부여할 수 있을 것이다. 결국 우리는 모두 작가이고 독자이며 다시 쓰는 사람rewriter(비평가)으로서 어떤 면에서는 **글쓰기의 동일성**이라 할 수 있는 비전의 동일성에 가담하고 있는 것이다.

비전의 동일성과 글쓰기의 동일성에 대한 두 가지 예가 있다. 하나는 버지니아 울프가 쓴 미술 비평가 겸 큐레이터 로저 프라이 전기이고, 다른 하나는 나의 경험에서 나온 이야기다. 둘 다 공연장이라는 공간에서 이루어진 비평적 작업에 관한 장면이다. 먼저 울프의 묘사를 보자. 울프는 프라이가 런던에서 진행한 공개 강연을 듣고 있다. 비평가는 턱시도 차림에 긴 지시봉을 들고 있으며 다소 경직되고 형식적인 행사다.

> 그는 자신의 책에서 반복해왔던 모든 내용을 그대로 설명하고 있었다. 하지만 여기에는 차이가 있었다. 다음 슬라이드가 스크린에 떴을 때 그가 잠시 말을 멈추었다. 그는 그 그림을 마치 처음 보는 것처럼 바라보았다. 그는 곧바로 자신이 원하는 단어를 찾았고, 그 그림을 처음 본 사람이 찾아낸 것 같은 그 단어를 즉흥적으로 덧붙였다. 아마도 이러한 모습이 그가 청중을 사로잡는 비결일지 모

른다. 그가 지각의 순간을 있는 그대로 드러냈기에 청중은 감각이 어떻게 일깨워지고 형성되는지 알 수 있었다. 이러한 잠깐의 멈춤과 즉흥적 분출을 통해 영적 실재의 세계가 슬라이드마다 (푸생, 샤르댕, 렘브란트, 세잔의 회화에서) 모습을 드러냈고, 작품들이 주는 고조된 감정과 차분한 감정이 서로 연결되어 모든 것이 어떻게든 온전한 전체로서 퀸즈 홀의 거대한 스크린 위에 모습을 드러냈다. 이윽고 강연자는 안경 너머로 작품 한 점을 한참 동안 바라보다가 잠시 멈칫했다. 그는 세잔의 후기 작품을 가리키고 있었는데 당황해하는 것 같았다. 그는 고개를 가로저으며 지시봉을 바닥에 내려놓더니 이 그림은 자신이 분석할 수 있는 범위를 넘어선 작품이라고 말했다. 그리고 "다음 슬라이드"라고 말하는 대신 고개를 숙였고 청중은 랭엄 플레이스 거리로 빠져나갔다.

그날 강연에서 청중은 두 시간 동안 그림들을 보았다. 하지만 그들이 본 또 하나의 그림은 의식이 혼미해진 듯한 강연자의 모습이었다. 즉 스크린 앞에 서 있는 한 남자의 실루엣, 멈추었다가 생각에 잠겼다가 지시봉으로 그림을 가리키던 턱시도 차림의 금욕적 인물이었다. 그것은 그날 본 다른 그림들과 함께 기억 속에 남을 모습이었고, 훗날 많은 청중에게 위대한 비평가의 초상으로 남게 될 밑그림이었다. 그는 풍부한 감수성을 지녔으면서도 엄격한 정직성을 갖추고 있었고, 이성으로 더 이상 분석할 수 없을 때 멈추기는 했지만 자신이 본 것이 거기에 있다는 사실을 확신한 뒤에는 다른 이들도 그것을 확신하게 만들었다.[10]

이 아름다운 글에 모든 것이 담겨 있다. 열정적인 창조로서의 비평이 있고("마치 처음 보는 것처럼"), '이해'를 잠시 정지시킬 줄 아는 정신인 겸양으로서의 비평이 있다("당황해하는 것 같았다"). 단순함과 침묵의 미덕을 보여주는 비평이 있고("자신이 분석할 수 있는 범위를 넘어선 작품이라고 말했다"), 비전의 동일성으로서의 비평이 있다("자신이 본 것이 거기에 있다는 사실을 확신한 뒤에는 다른 이들도 그것을 확신하게 만들었다"). 프라이가 "자신이 원하는 단어를 찾았"지만 울프는 《등대로》에서와 같은 서술 방식을 사용하면서도 우리에게 그 단어가 무엇인지 알려주지 않는다. 천천히 그리고 점진적으로, "자신이 원하는 단어를 찾"는 것은 말 없는 겸손함과 "자신이 본 것이 거기에 있다"는 강한 확신에 자리를 내어준다. 모방하려는 욕망과 유사한 과정을 통해 청중은 프라이가 본 것을 경험하기 시작하고, 그와 함께 비전의 동일성을 경험하게 되는 것이다.

몇 년 전, 에든버러에서 아버지와 함께 피아니스트 알프레드 브렌델의 베토벤 피아노 소나타 강연에 간 적이 있다. 지각을 하는 바람에 우리는 숨을 헐떡이며 땀에 젖은 채로 홀에 도착했다. 실내는 매우 고요했다. 브렌델은 테이블 앞에 앉아 있었고 그 뒤에는 콘서트용 그랜드 피아노가 놓여 있었다. 그는 두꺼운 안경 너머로 강연 원고를 들여다보면서 이야기했다. 아니, 차라리 중얼거렸다고 하는 편이 나을지도 모르겠다. 그는 수십 년 동안 영국에서 살았는데도 강한 오스트리아 억양을 가지고 있었다. 그는 이따금 설명을 돕기 위해 피아노 앞으로 가서 몇 마디를 연주했다. 그런데 그가 인용 부분을 연주할 때 무언가 놀라운 일이 일어났다. 짧은 악절을 연주할 때조차 그는 인용하는 사람이 아니라 연주자가 되었고, 단순한 비평가가 아니라 예술가 겸 비평가artistcritic가 되었다. 그는 자신의 단독 콘서트에서 연주하는 것처럼 신체적으로 황홀경에 빠져들었다(특유의 전율하는 듯한 떨림, 무언가를 씹는 것처럼 보이는 입술, 감은 눈, 황홀해하며 기울어지는 상체). 그는 일부러 '정확한' 억양을 구사하지 않으면서 프랑스어를 읽는 사람처럼, 그렇게 **무미건조하게** 음악을 인용할 수는 없었던 것이다. 말하자면, 그는 피아노를 칠 때마다 제대로 된 프랑스인이 되어야 했다. 이런 의미에서 **그는 인용을 할 수 없었다**. 그는 오직 재창조만 할 수 있었고, 다시 말해서 창조만 할 수 있었다. 그토록 아름다운 베토벤의 선율 세 마디를 천상의 연주로 듣다가 돌연 연주가 중단되고 피아니스트의 잘 들리지도 않는 강한 빈 억양의 중얼거림을 반복해서 듣는 것은 나에게 깊은 좌절감을 안겨주었다. 계속 연주해주세요, 계속 연주해주세요. 강의는 하지 마시고요! 나는 소리 없이 애원했다. 브렌델의 중얼거림은 곧 아무런 관심을 끌지 못했고 중요하게 여겨지지도 않았다. 중얼거림은 다음 피아노 연주를 애타게 기다리는 시간이 되고 말았으며, 그의 연주는 언어라는 둔탁한 세계를 넘어 저 높은 곳에서 파도를 타고 아름다움에서 아름다움으로 넘실거렸다. 그의 '인용'이 그의 해설을 압도해버리고 말았다. 그럼으로써 그는 오직 인용문으로만 쓰인 책이라는 발터 벤야민의 개념에 다가가고 있었다.

    이를 문학 비평에 비유하는 것은 불완전할 수도 있다. 문학 비평가에게는 음악가가 연주하는 것처럼 자신이 선택한 인용구를 변형할 수 있는 능력이 부족하기 때문이다. 하지만 브렌델의 장황한 중얼거림을 텍스트의 외면에만 머무르는 문학 비평의 한 형태, 즉 텍스트를-통과하는-글쓰기가 아니라 텍스트에-대한-글쓰기, 창조의 핵심에서 추방된 평면적인 논평을 대표하는 것으로 생각해보자. 그리고 브렌델의 피아노 연주, 즉 창조 없이는 인용하지 못하는 그의 무능력을 텍스트를 통과하는 글쓰기, 비평인 동시에 재서술인 비평을 대표하는 것으로 생각해보자.

4

세속적 실향

SECULAR HOMELESSNESS

I

나의 피아노 선생님은 가장 익숙한 음악적 종지 cadence(곡이 전조와 변주를 거친 뒤에 원조, 즉 으뜸화음으로 돌아오는 것)를 "집으로 돌아가기"라고 표현하곤 했다. 음악이 그렇게 진행되는 건 참으로 쉬워 보였다. 울적한 단조의 변주에서 벗어나 밝은 C장조로 돌아가고 싶지 않은 사람이 어디 있겠는가? 이 만족스러운 해결resolution*은 종종 '완전 종지 perfect cadences'라고 불리는데, 영국에는 이것의 사랑스러운 하위 유형이라 할 수 있는 '영국식 종지'

• 불협화음에서 협화음으로 음표나 화음이 이동하는 것.

라는 형식이 있다. 탈리스나 버드 같은 작곡가들이 사용했던 형식으로, 예상된 협화음이 나오기 직전에 불협화음이 날카로운 존재감을 드러내며 곡을 의외의 방향으로 이끌고 가다가 마침내는 설득당해 집으로 돌아오는 형식을 말한다.

더럼 대성당에서 처음 제대로 들었던 그 영국식 종지를 다시 한번 들을 수 있었으면 좋겠다. 그때 나는 열한 살이었다. 성가대 연습 중에 우리 성가대원들은 쪽지를 주고받으며 유난히 깐깐한 한 신부님을 흉보곤 했다. 그는 깍지 낀 두 손을 가슴 앞에 모은 채로 마치 기도하는 물고기처럼 제단 앞으로 걸어갔다. 신부님이 자리를 잡고 나면 우리는 자리에서 일어나 토마스 탈리스의 '빛으로 오신 주 O Nata Lux'를 불렀다. 나는 그 곡을 알고는 있었지만 실제로 들어본 적은 없었다. 그 곡을 부르는 순간, 나는 그 곡의 압도적인 아름다움에, 마치 공격을 받고 내던져지는 듯한 충격을 받았다. 아티큘레이션 articulation*의 부드러운 균형은 마치 정의의 목소리와도 같았고, 달콤한 불협화음은 환영받는 고통과도 같았다. 튜더 왕조 시대의 독특한 음향을 지닌

세속적 실향

이 불협화음은 부분적으로는 '거짓 관계false relation'라고 알려진 화성으로 인해 만들어진다. 어떤 화음의 조화(화성) 속에서 들을 수 있을 거라 기대한 음이 그것과 가장 가까운 관계(같은 음이지만 반음 차이가 나는)에 있는 음에 의해 가려지는 것이다. 탈리스의 곡이 끝나갈 때쯤 나는 캔버스 숄더백을 멘 한 중년 여성이 거대한 건물 뒤편의 어두컴컴한 곳으로 들어서는 것을 보았다. 저 멀리 서 있는 하나의 형상에 불과한 그녀는 단지 머뭇거리다가 잠깐 들어온 관광객일지도 몰랐다. 하지만 나는 그 커다란 가방을, 조금 더 멋있었으면 하고 내가 항상 바랐던 그 코트를, 긴장감이 엿보이는 어머니 특유의 단정하고 꼿꼿한 자세를 알고 있었다. 어머니는 매주 화요일 오후에 오셨는데, 당신이 가르치던 여학교가 그날만 일찍 끝났기 때문이었다. 부모님은 성당에서 1.6킬로미터 정도 떨어진 곳에 사셨지만 나는 기숙사 생활을 해야만 했다. 그래서 화요일 오

• '명료한 발음'이라는 뜻으로, 음악에서 연속되고 있는 선율을 작은 단위로 구분하여 각각의 단위에 형식과 의미를 부여하는 연주 기법.

후가 되면 학교로 돌아가기 전에 어머니와 몇 마디를 나누고 만화책이나 과자, 늘 빠지지 않던 양말이 들어 있는 커다란 숄더백을 받아들곤 했다.

그때 일어난 일은 내 기억으론 정확히 이런 것이었다. 음악의 광채 속에서 아름다움이 신의 계시처럼 내려앉고 탈리스의 마지막 선율이 울려 퍼진다. 그리고 나는 어머니를 행복하게 바라보고 있다. 하지만 이는 삼십칠 년 전의 일이고, 어찌 보면 굉장히 편의적이며 꿈같은 구성을 가지고 있다. 어쩌면 내가 정말로 꿈을 꾸었는지도 모른다. 나이가 들수록 나는 그 웅장한 성당이 나오는 꿈을 더 자주 꾼다. 회색빛의 길고 서늘한 실내는 내가 기억하는 그대로다. 사실 이 꿈은 매우 강렬한 체험이라 할 수 있는데, 내가 기억하고 있는 음악의 모든 소절들을 들으면서 깨어나곤 하기 때문이다. 불안이라고는 전혀 없는, 행복한 꿈이다. 나는 꿈에서 그 장소로 돌아가는 것을 좋아하고, 심지어 잠들기 전에 그런 꿈을 꾸기를 기대하기도 한다.

그러나 실제 삶은 다른 문제다. 더럼으로 돌아갔던 몇 번의 경험은 이상하게도 실망스럽기만 했다. 부모님은 더 이상 더럼에 살지 않고, 나 역시 그 나라에 살지 않는다. 그 도시는 꿈이 되어버렸다. 헤로도토스는 스키타이인들이 그들의 도시나 쌓아 올린 요새가 없었기 때문에 정복하기 어려웠다고 말했다.[1] "그들은 자신들의 집을 지고 다녔으며 말 위에서 활을 쏘았다. (…) 그들의 거처는 수레 위에 있다. 어떻게 그들을 꺾고 어떻게 그들을 정복할 수 있겠는가?" 집이 있다는 것은 취약해진다는 것이다. 타인의 공격에 취약해질 뿐 아니라 우리가 스스로 만드는 소외에 의해 무참히 학살당하기도 한다. 떠남과 돌아옴의 여정들은 공허한 모험이 되어버릴 위험에 처한다. 나는 집을 두 번 떠났다. 첫 번째는 대학을 갓 졸업하고 런던으로 떠날 때였는데, 이는 지방 사람이 대도시로 향하는 흔한 행보라고 할 수 있다. 나는 더럼에 있는 내셔널웨스트민스터 은행(지금도 계좌를 가지고 있다)에서 1000파운드를 대출받은 다음 편도로 밴을 빌려서 내가 가진 모든 물건을 싣고 남쪽으로 갔다. 그때 이런 생각을 했던 기억이 난다. 부모님과 여동생에게 작별의 인사로 손을 흔드는 그런 행위가 진심이 가득 담겨 있는 동시에 굉장히 어색하고 인위적이어서 공인된 소설적 여정 같다고. 이와 같은 의미에서 우리 대부분은 집 없는 사람들, 확장된 세계로 탈출한 사람들이다. 두 번째 떠남은 1995년, 서른 살 때 영국을 떠나 미국으로 간 것이었다. 나는 미국인(더 정확히 말하자면 프랑스인 아버지와 캐나다인 어머니 사이에서 태어나 이민자의 자녀로 미국에서 살고 있는 미국 시민권자)과 결혼했다. 우리에게는 아직 아이가 없었고, 미국 생활은 새롭고 흥미로울 것이었다. 우리는 심지어 몇 년 정도는 미국에서 살아볼 수도 있을 것 같았다. 길면 오 년 정도?

나는 지금 미국에서 십팔 년째 살고 있다. 이렇게 오래 살게 될 줄 몰랐다고 말하는 것은 나약한 변명일 것이다. 그리고 이렇게 오래 머물고 싶지는 않았다고 말하는 것은 배은망덕하거나 심지어 무의미하고 정직하지 않은 것이라고 할 수 있다. 나는 분명 그러기를 원했을 것이며 얻은 것도 많다. 하지만 무엇을 잃게 될지에 대해서는 아무런 개념이 없었다. 젊은 시절에 '나라를 잃는 것' 혹은 '고향을 잃는 것'에 대해 좀 더 많이 생각해보았더라면 어땠을까? 그것은 희생자들에게 강제로 부과된 심각한 세계사적 사건이었고, 문학과 문예 이론에서 '망명exile' 또는 '이주displacement'라는 언어로서 애도되고 공표되었으며, 에드워드 사이드가 그의 에세이 《망명에 대한 성찰》에서 적절한 용어로 정의 내린 것이다.

> 망명에 대해 생각하는 것은 묘하게 끌리는 일이지만, 그것을 경험하는 것은 끔찍한 일이다. 망명은 인간 존재와 출생 장소 사이에, 자아와 그 진정한 고향 사이에 강제로 생긴 치유 불가능한 균열이다. 그 본질적인 슬픔은 결코 극복될 수 없다. 문학과 역사가 망명자의 삶에서 영웅적이고 낭만적이며 영광스럽고 심지어 의기양양한 승리의 일화들을 담고 있는 것은 사실이지만, 그 모든 것들은 주체할 수 없는 소외의 슬픔을 극복하려는 노력 그 이상도 이하도 아니다. 망명의 성취는 그 뒤에 영원히 남겨진 것들을 상실함으로써 끝없이 빛을 잃어간다.[2]

사이드가 강조하는 자아의 '진정한 고향true home'은 다소 신학적이며, 플라톤 철학처럼 들리기도 한다. 강제적이든 비강제적이든 이러한 보편적 실향homelessness이 존재할 때, '진정한 고향'이라는 개념은 분명 어느 정도 가차 없는 수정을 거치게 된다. 아마도 사이드가 말하고자 한 것은, 원치 않는 실향은 오직 진정한 고향을 가진 이들에게만 아픔을 안겨주기에 그 태생지의 순수성을 강화하지만, 자발적 실향(내가 정의하고자 하는 순탄한 이주)은 고향이 '진정한' 고향이 아니라는 뜻일지도 모른다. 이것이 사이드의 의도는 아니라고 생각하지만 그럼에도 불구하고 전통적 텍스트에서 망명이라는 사막은 원초적 소속감이라는 오아시스를 필요로 하는 것처럼 보이며, 이 두 가지 개념은 성서에 뿌리를 두고 있다.

이 에세이에서 사이드는 망명자exile, 난민refugee, 이주자expatriate, 이민자émigré를 구분한다.* 그가 이해한 바에 따르면, 망명은 고대의 추방 형벌과 연관된 비극적 실향이다. 그는 아도르노의 책《미니마 모랄리아》의 부제 '상처받은 삶에서 나온 성찰'에

세속적 실향

동의하는 듯하다. 내가 설명하고자 하는 좀 더 온건하고 비강제적인 여정이 이처럼 더욱 거대한 고통의 관점에 속할 수 있을지는 잘 모르겠다. '고향으로 가지 않는 것'이 '집 없음'과 정확히 같을 수는 없다. 이때는 기숙 학교에서 자주 사용하게 되는 오래되고 익숙한 단어인 '향수병homesickness'이 더 적합하지 않을까 싶다. 특히나 이 단어의 이중적 의미를 허용한다면 더더욱 그렇다.·· 나는 이따금 향수병을 앓곤 하는데, 여기에는 영국을 향한 그리움과 영국에 대한 지겨움이 공존한다. 즉 영국 **때문에** 아프고, 영국 **때문에** 지친다. 나는 미국에서 자신의 모국이 그립다고 말하는 사람들을 많이 만났다. 영국, 독일, 러시아, 네덜란드, 남아프리카 공화국 등에서 온 그들은 고향이 그립다는 말이 끝나자마

• '망명자', '난민'은 비자발적, 강제적 상황에서 발생하며, 고국으로 돌아갈 의사가 있더라도 상황이 허락되지 않고 설령 돌아가더라도 다시 추방당할 수 있다. '이주자'는 개인적 선택에 의해 자발적으로 이주한 사람, 언제든지 돌아갈 자유가 있는 사람이다. 이를 '국외 거주자'라고도 한다. '이민자'는 프랑스 혁명 이후 혁명 정부를 무너뜨리기 위해서 망명지로 떠난 사람들을 뜻했다. 오늘날에는 특히 정치적, 사회적 이유로 고국을 떠난 사람을 뜻하며 '망명자'와 유사한 맥락에서 쓰인다.

•• homesickness에 들어 있는 sick에는 '지겹다'라는 뜻도 있다.

자, 그립기는 해도 다시 돌아가는 건 상상조차 할 수 없다고 말하곤 했다. 고향을 절절하게 그리워하고, 정녕 고향이 무엇인지 더 이상 알지 못하며, 고향에 돌아가기를 거부하는 이 모든 것은 동시에 가능할 것이다. 하지만 이 모든 복합적인 감정들은 어쩌면 사이드가 말한 비극적 실향과는 가장 거리가 먼, 사치스러운 자유에 대한 정의일지 모른다.

    논리적으로 본다면, 고향으로 돌아가기를 거부하는 건 바로 그 고향이라는 관념을 부정적인 방식으로 승인하는 일이다. 이는 사이드의 망명 개념이 원래의 '진정한 고향'이라는 관념을 승인하게 되는 것과 같은 방식이다. 그러나 고향으로 돌아가기를 거부하는 것은 어쩌면 고향의 상실 혹은 고향의 결여로 인한 결과일 수도 있다. 운 좋은 이주자들은 실제로 나에게 이렇게 말하기도 한다. "고향에는 돌아갈 수 없을 것 같아요. 어떻게 가는지를 이젠 모르겠거든요." 그리고 '고향Home'과 '터전home'도 고려해야 한다. 예전에는 책 표지에 실린 작가 소개글에 '터전을 마련하다making a home'라는 표현이 등장하곤 했다. "블랙머는 뉴저지주 프린스턴에 자신의 터전을 마련했다." 그렇게 본다면, 나 또한 미국에서 터전을 마련했지만 그것은 내 고향이라고 할 수 없다. 예를 들어, 나는 미국 시민이 되고 싶다는 강한 열망이 없다. 최근에 보스턴 공항에 도착했을 때 이민국 직원이 나의 영주권 보유 기간을 보더니 한마디 했다. "보통은 영주권 다음에는 시민권을 받습니다. 일반적인 순서죠." 그의 어조에는 짜증 섞인 훈계와 감동적인 애국심이 동시에 스며 있었다. 나는 그의 말이 전적으로 맞다며 뭔가 중얼거리고는 별 말을 덧붙이지 않았다. 하지만 그의 말과 행동에 담긴 근본적인 개방성과 관대함(그리고 부정할 수 없는 강압적 태도)을 생각해보자. 영국에서라면 그처럼 자유롭게 시민권을, 마치 복잡하지 않게 **제공**되는 서비스나 상품인 것처럼 주겠다는 장면을 상상하기 어렵다. 그 남자는 관대하게 "미국 시민이 되고 싶으신가요?"라고 말하는 동시에 약간 덜 관대하게 "왜 미국 시민이 되고 싶지 않으신거죠?"라고 말하고 있었다. 히스로 공항에서 이런 감정들이 표현되는 것을 상상이나 할 수 있을까? 시인이자 소설가인 페트릭 맥기네스는 《디인들의 나라》(이 책은 그 자체로 고향과 실향에 대한 풍부한 분석이다. 맥기네스 자신이 반은 아일랜드인 반은 벨기에인이기 때문이다)에서 심농의 말을 인용한다. 심농은 "성공한 프랑스어권 벨기에인들이 종종 그러듯이" 왜 국적을 바꾸지 않느냐는 질문에 이렇게 대답했다. "내가 벨기에인으로 태어난 데에 아무런 이유가 없었으니 벨기에인이기를 그만둘 이유도 없지요."[3] 나는 이민국 직원에게 그와 비슷한 말을, 그보다는 덜 재치 있게 하고 싶었다. 저는 굳이 미국 시민권자가 될 필요가 없으니 그 혜택을 받아들이는 건 경솔한 일 같습니다. 그건 새로운 땅이 필요한 사람들을 위해 남겨두시지요.

따라서 내가 이야기하고 있는 이 상태가 무엇이든, '고향으로 가지 않는 것'은 비극적이지 않다. 이러한 특권 섞인 탄식에는 다소 우스꽝스러운 면도 있다. 마치 "오, 그 하버드 블루스나 불러봐, 백인 녀석아!"•라는 말과 비슷한 느낌이랄까. 다만 나

• 아프리카계 미국인의 문화에서 발전한 음악 장르인 '블루스'로 백인 엘리트 문화를 대표하는 '하버드'에서의 생활을 노래한다는 아이러니를 담은 표현.

세속적 실향

는 **특정** 종류의 상실, 특정 종류의 멀어짐을 묘사하고자 한다. (얻은 것은 너무 명백해서 분석까지 할 만큼 흥미롭지는 않다.) 나는 크리스토퍼 히친스가 암에 걸리기 훨씬 전에 그에게 만일 몇 주만 살 수 있다면 어디를 가고 싶냐고 물은 적이 있다. 미국에 남을 것인가? "아니, 고민할 것도 없이 다트무어로 가야지." 그가 대답했다. 그곳은 그의 어린 시절 풍경이었다. 휴스턴의 MD 앤더슨 암센터가 아니라 다트무어로.• 이주자, 이민자, 난민, 여행자들이 '고향에서' 죽고 싶어 하는 건 흔한 일이다. 그렇게 오래 멀리 떨어져 있었음에도 다시 돌아가고 싶은 마음이 강하게 남아 있다는 것은 이성적이라 할 수는 없으며, 그 아래에는 본래의 고향을 상실했다는 전제가 깔려 있을 수도 있다(고향으로 돌아가고 싶어 하지 않는 정서에도 또한 진짜 고향을 잃어버렸다는 전제가 깔려 있을 수 있듯이 말이다). 고향이 감성을 불러

• 작가, 비평가, 저널리스트로 활동한 히친스는 영국에서 태어났으나 미국으로 귀화했다. 유년 시절에 다트무어와 맞닿아 있는 데번주의 사립학교에서 공부했다. 2011년에 휴스턴 소재 텍사스대학교 MD 앤더슨 암센터에서 사망했다.

일으키는 대상이 된 이유는 손에 닿을 수 있는 현실로서는 사라졌기 때문이다. 러시아 태생의 이민자 작가 세르게이 도블라토프의 소설 《외국 여자》의 여주인공 마루샤 타타로비치는 러시아를 떠나 뉴욕으로 온 결정이 실수였다는 결론에 이른 뒤 귀향하려 한다. 도블라토프는 1979년에 소련을 떠나 미국으로 건너온 자신을 이 소설에 등장시켜서 그녀의 마음을 돌리려 한다. 그는 "무례함과 거짓말이 판치는 곳"[4]이라는 표현을 써가며 그곳에서의 삶이 어땠는지 잊었느냐고 묻는다. 그녀는 대답한다. "모스크바에서 사람들이 무례하다면 적어도 러시아어로 무례하겠죠." 하지만 그녀는 미국에 남는다. 한번은 독일에서 사뮈엘 베케트가 독일의 출판업자에게 보낸 서신을 전시한 작은 전시회에 간 적이 있다.[5] 짧은 메모장들이 연대순으로 배열되어 있었는데, 마지막 편지는 그가 죽기 몇 개월 전에 쓴 것이었다. 베케트는 출판업자에게 독일어가 아니라 프랑스어로 썼다. 그것은 물론 그가 터전을 마련한 장소의 언어였다. 하지만 생애 마지막 해에는 영어로 바꾸었다. '고향으로 돌아가는 중이군.' 하고 나

는 생각했다.•

내가 미국에 온 지도 오랜 세월이 흘렀고, 미국 생활 혹은 미국에서의 내 작은 일부가 점점 내 삶이 되었다. 삶이란 본래 소소하고 구체적인 모습들, 즉 친구, 대화, 매일의 평범한 일상으로 구성되어 있다. 나는 이곳에 사랑하는 것들이 많다. 예컨대, 뉴잉글랜드의 일부 주에서 운전자가 시가지로 진입할 때 보게 되는, '밀집 지역thickly settled'이라고 적힌 고풍스러운 표지판을 좋아한다. 나는 허드슨 강과 이 강의 잔잔한 다갈색 물결을 좋아한다. 그래서 미국의 강들이 유럽의 강들을 창백한 시냇물처럼 보이게 만드는 걸 좋아한다. 보어스 헤드Boar's Head••의 트럭임을 알 수 있는 특유의 진홍색이 있고, 해가 빨리 지는 겨울 오후에 우체부가 작은 광부용 램프를 머리에 쓰고 우편물 뭉치를 내려다보는 모습이 있다. 오래된 아파트들에 놓인 짐짝만 한 미국식 라디에이터가 쉭쉭 소리를 내면서 유령

• 사뮈엘 베케트의 고향은 아일랜드이다.
•• 1905년 뉴욕 브루클린에서 설립된 식품 유통업체. 주로 가공육류, 치즈, 향신료 등을 공급한다.

처럼 삐걱댄다. 겨울 부츠, 핸드크림, 맛 좋은 베이컨, 총기류까지 파는 뉴햄프셔의 잡화점이 있다. 나는 '진정해Take it easy'라는 말, 그리고 사람들이 실제로 서로에게 이 말을 하면서 머릿속으로 하고 있는 온갖 복잡하고 시끄러운 생각들을 좋아한다! 이제는 심지어 영국인이라면 입을 다물지 못할 만한 것들도 좋아하게 되었다. 이를테면 미국 스포츠라든가, '포트나잇fortnight'이라는 단어가 존재하지 않는다는 사실이라든가, '퍼지fudge'는 그냥 초콜릿이라는 것, '크루아상', '밀리우millieu', '부르주아'를 제대로 발음하는 사람이 없다는 사실도 기꺼이 좋아하게 되었다.

    하지만 분명 외부자라는 정체성을 지닌 채로 맞닥뜨리는 현실이 항상 있기 마련이다. 가령, 미국 어디서나 들을 수 있는 아름다운 미국식 기차 경적은 어떤가? 그 찌그러진 클랙슨 소리는 늦은 밤 우

- 2주를 뜻하는 영국식 표현.
- 영국의 대표적인 디저트. 설탕, 버터, 초콜릿, 말린 과일 등이 들어간 반죽을 잘라서 만든다.
- '환경'을 뜻하는 프랑스어 단어.

리 동네 골목 끝자락에서도, 뉴햄프셔 계곡 한가운데에서도, 중서부의 작은 마을에서도 들려오는데, 구겨진 음표들이 느긋한 바람에 실려 흩날리는 듯하다. 경적이라기보다는 마치 느닷없이 불어오는 대초원의 바람이나 짐승의 울음소리 같다. 나에게 이 크고 느긋하고 한가로운 소리는 뭐라고 딱히 설명할 수는 없지만 분명 미국의 소리다. 하지만 이것은 또한 미국인이 아닌 수천 수백만 명의 사람들에게도 '미국의 소리'임에 틀림없다. 그것은 개인 소유가 아니라 공동 소유다. 나는 그것의 바깥에 있고, 약간의 거리를 두고 그것을 감상한다. 나에게는 그 소리와 관련된 역사가 없다. 그 안에는 나의 과거가 담겨 있지 않고, 오래된 추억을 불러일으키지도 않는다. 우리 집은 더럼 역에서 반 마일쯤 떨어진 곳에 있었는데, 밤이면 내 방에서 커다란 노란색 코가 상징인 델틱 기관차가 울려대는 불규칙한 천둥소리를 들을 수 있었다. 허름한 객차들을 줄줄이 끌고 마을을 벗어나 런던이나 에든버러로 뻗은 빅토리아식 고가 철도 위를 달리며 내던 그 소리는 아껴 부르기라도 하듯 인색한, 영국 철도 특유의 단3도 경적이었다.

    아니면 내가 한여름에 보스턴 거리를 내려다보고 있다고 생각해보자. 익숙한 생활의 풍경들이 보인다. 빗물막이 판자를 댄 주택, 현관 앞의 베란다, 아스팔트로 군데군데를 메운 도로(검은색 껌 같은 아스팔트 뱀이 기어가는 모양새다) 위로 피어오르는 아지랑이, 회색 시멘트가 깔린 인도(시멘트가 아직 안 말랐을 때 세 남매가 이름을 써넣은 흔적이 있다), 가지가 축 처질 정도로 잎이 무겁게 달린 단풍나무들, 끝자락이 손질되지 않아 삐쭉삐쭉한 버드나무, '테드 케네디가 내 총보다 더 많은 사람을 죽였다'라는 문구의 범퍼 스티커가 붙어 있는 구형 흰색 캐딜락. 그리고 나는…. 아무런 느낌이 없다. 무언가를 인식하기는 하지만 어떤 이해도, 진정한 연결 고리도 과거도 없다. 오랫동안 그곳에서 살았음에도 불구하고 나에게는 그저 그 모든 것으로부터 멀어지는 거리감만이 존재한다. 갑자기 극심한 공포가 덮쳐오고 나는 궁금해진다. 나는 어쩌다 이곳에서 살게 된 걸까? 그러다 그 순간들이 지나고 나면, 일상적인 삶이 찾아와 잠시 절망적인 결여로 느껴졌던 그 감정의 문을 닫아버린다.

에드워드 사이드는 망명자들이 종종 소설가, 체스 선수, 지식인이 되는 것이 놀라운 일이 아니라고 말한다. "망명자의 새로운 세계는 논리적으로 충분히 부자연스럽고 그 비현실성은 소설을 닮았다."[6] 이 말은 게오르크 루카치가 소설을 그 자신이 명명한 표현인 '선험적 실향transcendental homelessness'의 위대한 형식으로 간주했다는 사실을 상기시킨다. 나는 분명 망명자는 아니지만 가끔은 사이드가 말한 '비현실성unreality'을 떨쳐내기가 어렵다. 나는 소설 속 인물을 읽거나 창조하는 것과 같은 방식으로 나의 아이들이 미국인으로 자라는 모습을 바라본다. 물론 **그들은** 허구가 아니지만 그들의 미국적인 모습은 때때로 나에게 비현실적으로 보인다. 열두 살짜리 딸이 항상 체육관에서만 열리는 끔찍한 학교 행사에서 공연하는 모습을 볼 때마다 나는 놀라워하며 혼잣말을 하곤 한다. "내가 미국 중학교 1학년생을 키우고 있네." 의심의 여지 없이, 이런 놀라움은 아이가 성장하는 모든 단계에서마다 일어난다. 말하자면 모든 것이 예측 불가이다 하지만 또한 이상한 거리감이 느껴지기도 하고 소외감이라는 얇은 천이 모든 것을 덮고 있는 것 같기도 하다.

내가 영국으로 돌아갈 때도 이 소외감이라는 얇은 천은 모든 것 위로 드리워진다. 처음 미국에서 살기 시작했을 때에는 '고향에서의' 생활을 따라가 보려고 무척이나 노력했다. 내각에는 누가 있는지, 어떤 노래가 유행인지, 사람들은 신문에서 어떤 이야기를 하는지, 학교들은 어떤지, 휘발유 가격은 얼마인지, 친구들은 어떻게 살고 있는지 등을 시시때때로 확인하곤 했다. 그러나 이는 점점 시들해졌다. 그런 것들의 의미가 점점 더 나와 관련이 없어졌기 때문이다. 나에게 영국의 현실은 점차 기억 속으로 사라졌고 필립 라킨이 말했듯이 "과거가 되어버린 날들"[7]이 되었다. 나는 런던이나 에든버러 또는 더럼의 현대 일상생활에 대해 거의 아는 것이 없다. 영국으로 돌아가면 마치 결혼식 때 입었던 정장을 다시 꺼내 입고 여전히 잘 맞는지 확인하는 것과 같은 기분, 가장무도회에 참석해서 두리번거리고 있는 것 같은 어색함이 느껴질 뿐이다.

미국에 살면서 나는 이제는 사라진 영국의 어

떤 모습들을 갈망한다. 어린 시절은 손에 닿을 듯 가깝게 느껴진다. 하지만 가장무도회에 와 있는 듯한 느낌은 계속된다. 나는 영국에서였다면 당혹스러워했을지도 모르는 것들에 대한 향수와 애틋함에 빠져든다. 제프 다이어는 《미루고 짜증 내도 괜찮아》에서 영국에 살 때는 텔레비전을 보지도 않고 좋아하지도 않았던 자신이 이탈리아에 살 때는 영국 신문에 게재된 텔레비전 편성표를 읽는 데 집착했던 경험을 유머러스하게 묘사한다. 나 같은 경우 미국 뉴스 프로그램에서 조디Geordie* 억양을 들으면 그리움이 물밀듯이 밀려오곤 한다. 이 춤사위 같은 사투리와 뱃멀미를 일으킬 듯 출렁이는 스칸디나비아 억양이 무한정 감상에 젖게 한다. 이 근사한 단어들을 보라. 세그segs(신발 뒤꿈치에 박는 금속판으로, 땅바닥에 부딪히면 불꽃을 튕겨 거친 사람처럼 보이게 한다), 케츠kets(사탕), 넵neb(코), 나우트nowt(아무

---

* 잉글랜드 북동부 타인사이드Tyneside 지역 출신 사람 또는 그 사람들이 사용하는 사투리. 대표적인 도시로 뉴캐슬어폰타인Newcastle upon Tyne이 있어서 '뉴캐슬 사람'을 지칭하기도 한다. 조디는 단순한 방언 이상으로 뉴캐슬과 주변 지역 사람들의 문화적, 계급적 정체성을 반영한다. 우드의 고향인 더럼도 이 지역에 포함되어 있다.

것도 없음), 스토티케이크stotty-cake(납작하고 쫄깃한 빵의 일종), 클라기claggy(끈적끈적한). 북부 사람들이 자주 쓰는 감탄사 '이이eee'도 있다. "이이, 오늘 정말 덥구먼!"(대략 섭씨 20도가 넘으면 이렇게 말한다.) 최근에 나는 미국 공영 라디오 방송에서 '배가 들어올 때When the Boat Comes In'•라는 옛 노래를 듣고 거의 울 뻔했다.

> 이리 오렴, 꼬마 재키야
> 나 이제 담배 한 대 피웠으니
> 우리 같이 정담을 나누자
> 배가 항구에 닿을 때까지
> 그러면 네게 줄 거야, 물고기 한 마리
> 작은 접시 위에
> 네게 줄 거야, 물고기 한 마리
> 배가 항구에 닿고 나면

• 19세기 초 영국 북동부 노섬벌랜드와 타인사이드 지역에서 유래한 전통 민요.

어렸을 때는 이 노래에 얼마나 질색했는지 모른다. 나는 북부 억양을 쓰지 않았다. 아버지는 런던 출신이었다. 스코틀랜드 출신의 프티 부르주아인 어머니에게는 내가 조디 사투리를 쓰지 않는 것이 굉장히 중요했다. 친구들은 약간 위협적인 어조로 나에게 이렇게 말하곤 했다. "넌 왜 더럼 머스마처럼 말하지 않나. 어디 출신이고?" 때로는 친구들과 어울리기 위해서 또는 얻어맞지 않기 위해서 사투리를 흉내 내야 할 필요도 있었다. 그렇다고는 해도 '내 고향 뉴캐슬Coming Home Newcastle'이란 노래 속 남자처럼 어리석게 "나는 조디라 자랑스러워 / 조디 땅에 살아서 행복해"라고는 결코 말할 수 없었다.

내가 살던 마을은 대학과 대성당을 중심으로 이루어져 있어서 거의 모든 사람이 (나의 아버지처럼) 대학교수이거나 성직자였다. 그리고 조디처럼 말하는 사람은 없었다. 그 모든 이웃들이 얼마나 눈에 선한지! 그리고 이상한 사람들은 또 얼마나 많았던가. 지금 생각해보면 1970년대에 나는 별난 사람들의 기이한 행동이 허락되었던 마지막 흔적을 목격했던 것도 같다. 우리 마을에는 졸리Jolley라는 이름을 가진 부인이 살았는데, 그 이름과 달리 전혀 행복해 보이지는 않았다.* 그녀는 항상 세 개의 지팡이를 짚고 다녔는데, 하나는 왼쪽 다리를 지탱했고 (끈으로 묶인) 두 개는 오른쪽 다리를 지탱했다. 고전 금석학 부교수인 파울러 박사는 메마르고 뼈만 앙상하게 남은 외모를 지녔는데, "이 소식이 가드에 전해지지 않게 하라"**는 말을 일종의 좌우명처럼 반복하곤 했다. 외벽 하나로만 분리된 옆집에는 매우 학구적인 학자이자 대학교 사서가 살았다. 그는 여러 언어를 알았고 디킨스의 모든 책을 줄줄 외웠다. 가끔은 그가 거실에서 서성이며 디킨스를 낭송하면서 웃는 소리가 들려오기도 했다. 순수하고 천진난만한 아이 같았던 그는 정말로 디킨스 소설에서 툭 튀어나온 것처럼 보였는데, 하루는 나의 아버지와 같이 버스를 타고 대학교로 가다가

• Jolley는 jolly(행복한, 쾌활한)와 발음이 유사하다.
•• 〈사무엘 하〉 1장 20절. 다윗 왕의 탄식으로, 전투에서 자신들이 패배했다는 소식이 적의 도시인 가드에 전해져 적들이 기뻐하지 않게 하라고 말했다. 나쁜 소식이나 불행한 일을 남에게 알리지 말라는 의미.

이렇게 큰 소리로 말해서 아버지를 당혹스럽게 했다고 한다. "울워스에서 서빙하는 여자애들은 **세계 최고의 멍청이들이에요.**" 학문과 종교가 얽혀 있던 이 세계에는 모호한 금지 사항과 규칙이 많았다. 한 역사학자는 시샘 많고 영특한 자신의 두 딸에게 텔레비전 드라마 〈포사이트가 이야기〉˙를 절대 시청하지 못하게 했다. 한 신학 교수는 어찌나 검소했던지 집에 텔레비전조차 없었고, 어머니의 말에 따르면, 크리스마스에도 항상 칠면조가 아닌 소시지를 먹었다. 게다가 그 집 부부와 세 명의 자녀가 선물로 주고받은 게 오로지 손수건뿐이었다는 이야기는 검소함을 넘어서 그 가족의 칙칙함을 내 어린 마음에 깊이 새겨놓았다. 더럼 코리스터 학교의 교장 선생님이자 신부님은 어려운 라틴어 단어를 쉽게 기억할 수 있도록 도와주는 본인만의 연상 학습법을 가지고 있었다. 그는 '운데unde'라는 단어가

• 1967년 BBC에서 26부작으로 방영된 텔레비전 드라마. 1932년에 노벨 문학상을 수상한 존 골즈워디John Galsworthy의 동명 소설이 원작이다. 영국에서 엄청난 성공을 거두었고 미국 공영 방송을 통해 방영되었으며 소련에 처음으로 판매된 BBC 텔레비전 시리즈가 되었다.

나올 때마다 파이프 담배를 빨면서 옥스퍼드식 저음으로 말했다. "막스 앤 스펜서. 막스 앤 스펜서!" 이 말은 "너는 어디서 속옷undies을 샀니?" "막스 앤 스펜서에서요."라는 문답을 연상시키기 위한 것이었다. 그러면서 이 단어의 의미를 설명해주었는데, '…에서from where'란 뜻이다. 보다시피, 나는 이렇게 배웠던 라틴어 단어를 절대 잊지 못한다.

II

브루클린에 본사를 둔 문예지 《엔플러스원》은 최근 논평[8]에서 이른바 '세계 문학World Literature'을 맹렬히 비판했다. 그 주장에 따르면, 탈식민지 시대 이후의 문학은 정치적 예리함을 상실했고 이제 글로벌 자본주의의 여물통에 무력한 얼굴을 처박고 있다. 그래서 루슈디의 《한밤의 아이들》이 같은 작가의 덜 공격적인 《그녀 발밑의 땅》에 자리를 내어주었다는 것이다. 그 글은 이제부터 '세계 문학'이 아니라 '글로벌 문학'으로 불러야 한다고 주장했다.

세속적 실향

세계 문학에는 쿳시와 온다치, 모신 하미드와 키란 데사이 같은 왕족˙이 있으며, 명망 있는 상(노벨 문학상, 맨부커 인터내셔널상)과 문학 축제(자이푸르 문학 축제와 헤이 페스티벌), 그리고 학문적 지원 체계(대학들)를 갖추고 있다. 편집진은 세계 문학의 부흥이 성공한 자본주의의 부산물이자, 오르한 파묵, 마젤, 무라카미 하루키처럼 지역적 이슈를 초월해 '보편적 관련성universal relevance'을 획득한 작가들을 높이 평가하는 세계화된 미학의 산물이라고 말했다.

희생양들이 그렇게 특정된 이상 《엔플러스원》의 조롱 섞인 비판에 수긍하지 않기가 어려웠다. 누가 이처럼 자기만족적이고 각종 문학 축제에 출몰하고 책을 팔아치우고 상을 휩쓰는 괴물을 인정할 수 있겠는가? 이 논평의 편집진이 그랬듯이 어느 누가 '매끈한 글로벌 문학' 대신 '가시 돋친 국제주의'를, 내용 없는 광범위함 대신 번역 불가능한 절

• 각각 남아프리카공화국, 스리랑카, 파키스탄, 인도 출신 작가로 영어권에서 탈식민주의 문학으로 큰 인기를 끌며 제도권 문학상을 수상했다. 이처럼 제도화된 세계 문학에서 정점에 오른 이들을 가리키는 원문의 단어 'royalty'에는 '왕족' 외에 '책의 인세'라는 뜻도 있다.

묘함을, 카밀라 샴지 대신 엘레나 페란테를 선택하지 않을 수 있을까? 결국 이 논평은 세계 어디에서 등장하는지와 상관없이 유려하고 활기차고 도전적인 문학, 지역적 특수성이 풍부한 글이란 무엇인가에 대해서 일리 있는 주장을 펼친 것이었다. 이 때문인지 그들이 선호하는 정전canon의 기준에 따라 '가시 돋친 국제주의자'로서 선택된 작가들(엘레나 페란테, 키릴 메드베데프*, 사만스 수브라마니안**, 후안 비요로***)은 아무래도 무작위적인 느낌이 들 수밖에 없었다.

하지만 아마도 탈식민주의 문학이 비대해진 세계 문학으로만 변모한 것은 아닐 것이다. 세계 문학의 새로운 지류 중 하나는 실향, 쫓겨남, 이민, 자발적 또는 경제적 이주, 심지어는 방랑자적 관광이라는 문제들을 깊이 있게 다루는 중요한 동시대 문

- 러시아의 작가, 음악가, 사회활동가. 지은 책으로 시, 에세이, 선언문을 모은 《소용없다It's No Good》(2012)가 있다.
- •• 인도 출신의 작가, 기자. 인도의 어업, 스리랑카 내전, 과학자 전기 등의 논픽션 작품을 쓰고 있다.
- ••• 멕시코의 작가, 저널리스트. 장편소설 《증인El testigo》(2004)으로 스페인 에랄데 문학상을 수상했다.

학이라고 할 수 있다. 이는 이민 자체가 더 복잡하고 불명확하고 광범위해짐에 따라 《망명에 대한 성찰》에서 제시된 경계를 모호하게 만드는 문학이다. 《엔플러스원》의 편집진은 뉴욕에 거주하는 나이지리아 작가 테주 콜의 《오픈 시티》를 높이 평가함으로써 이러한 현상을 암묵적으로 인정했다. 테주 콜의 이 첫 소설은 반은 나이지리아인, 반은 독일인인 젊은 정신과 인턴이 화자로 등장하며, 익숙한 탈식민주의 요소들과 W. G. 제발트의 방랑적 이민자 감수성을 결합했다. 콜은 인정받는 것 같지만 '가시 돋친 국제주의자' 대열에는 완전히 합류하지 못한 것 같다.

그러나 《오픈 시티》 같은 그룹에 W. G. 제발트의 작품, 패트릭 맥기네스의 《타인들의 나라》, 나이지리아 소설가 타이에 셀라시, 네덜란드 은행가인 화자의 특혜받은 경제적 이민과 비극적 주인공인 트리니다드 토바고 출신 협잡꾼의 특권 없는 이민을 날카롭게 구분한 조지프 오닐의 《네덜란드》, 보스니아계 미국 작가 알렉산다르 헤몬의 작품들, 메릴린 로빈슨의 《홈Home》, 파리에서 인생의 대부분을 보냈던 캐나다 작가 마비스 갤런트의 단편들, 지아 하이더 라흐만의 첫 소설 《우리가 아는 것의 빛에서》, 제프 다이어의 몇몇 작품, 베트남 출신의 호주 작가 남 레의 단편들, 인도 소설가 아밋 차우드리의 소설과 에세이 등을 포함할 수 있을 것이다.

V. S. 나이폴이 《도착의 수수께끼》에서 말한 "20세기 후반에 일어날 민족 대이동"[9]은 그의 표현에 따르면 "모든 대륙 간의 이동"이었다. 이는 더 이상 하나의 패러다임(탈식민주의, 국제주의, 글로벌리즘, 세계 문학)에 속할 수 없었다. 아마도 제트 엔진이 인터넷보다 더 큰 영향을 미쳤을 것이다. 제트 엔진은 나이지리아인을 뉴욕으로, 보스니아인을 시카고로, 멕시코인을 베를린으로, 호주인을 런던으로, 독일인을 맨체스터로 데려온다. 제트 엔진은 《엔플러스원》의 창립 편집자 중 한 명인 키스 거센이 어린 소년이던 1981년에 그를 러시아에서 미국으로 데려왔고, 지금은 그가 이 두 나라를 오갈 수 있게 해주고 있다(나보코프나 세르게이 도블라토프 같은 이민자들은 몰랐던 자유이다).

여기서 다시 루카치의 '선험적 실향'을 떠올려

보자. 내가 이 글에서 나 자신과 다른 이들의 삶을 통해 묘사해온 것은 세속적 실향secular homelessness에 더 가깝다. 이는 초월적인 무언가의 신학적 권위를 주장할 수 있는 개념이 아니다. 어쩌면 실향이라는 단어조차 부적절할 수 있으며, (상실감이 포함된) **느슨한 실향**homelooseness이라는 신조어가 더 어울릴지도 모른다. 이는 '고향'과의 연결 고리가 느슨해진 상태를 의미하는 것으로, 행복할 수도 있고 불행할 수도 있으며 영구적일 수도 있고 일시적일 수도 있다. 분명히, 이 세속적 실향은 좀 더 확립된 범주인 이민, 망명, 탈식민주의적 이주와 이따금 겹치기도 한다. 그러면서도 어떤 면에서는 그것들과 분명히 구분되기도 한다. 독일 작가 W. G. 제발트는 성인기의 삶 대부분을 영국에서 보냈는데(따라서 그는 '이민 간 사람emigrant'이자 분명히 '이민 온 사람immigrant'이라고 할 수 있었지만, 정확히는 이민자도 망명자도 아닐 수 있었다) 소속감을 지니지 못한 상태가 얼마나 다양할 수 있는지 절묘하게 포착해냈다. 그는 1960년대 중반에 대학원생 신분으로 독일에서 영국으로 왔다. 그는 잠시 스위스로 갔다가

1970년에 이스트앵글리아 대학의 강사직을 맡기 위해 다시 영국으로 돌아왔다. 그의 이주 패턴은 세속적 실향이자 느슨한 실향이라고 할 수 있다. 그는 서독으로 돌아갈 경제적 자유가 있었고, 작가로서 이름을 알리고 난 1990년대 중반에는 원하기만 한다면 어디에서든 일할 수 있었다.

그러나 제발트는 자기 자신의 방랑이 아닌 비극적 또는 선험적 실향에 가까운 이민과 이주에 관심이 있었다. 그는 《이민자들》에서 부초처럼 떠도는 네 명의 방랑자를 그린다. 20세기 초에 영국으로 건너온 리투아니아 출신의 유대인 헨리 셀윈 박사는 영국인 의사로 위장해 살다가 말년에 자살을 한다. 독일인 파울 베라이터는 유대인 혈통이 섞였다는 이유로 제3제국 시대에 교사 자격을 박탈당하고 이 좌절을 극복하지 못한 채 자살한다. 제발트의 어머니의 외삼촌인 아델바르트는 1920년에 미국으로 건너와 롱아일랜드의 부유한 가정에서 하인으로 일했지만 결국 뉴욕주 이타카의 정신 병원에서 생을 마감한다. 화가 프랭크 아우어바흐를 모델로 한 가상의 인물 막스 페르버는 1939년에 부모를 독일에 남겨두고 영국으로 탈출한다.

1996년에 마이클 헐스의 번역으로 미국에서 출간된 《이민자들》은 네 명의 홀로코스트 희생자에 대한 이야기라고 알려졌지만, 사실은 그중 두 명만 홀로코스트 희생자이다. 이 책은 사실과 허구, 숨은 의미에 대한 해독, 기록으로서의 증언과 같은 문제를 깊이 파고들었다는 이유로(책에 실린 낯선 사진들도 한몫했다) 허구이거나 허구적인 묘사라고 여겨지기도 했다. 하지만 사실은 정반대다. 그런 특징은 다큐멘터리적 생애 연구에 더 가깝다. 제발트는 한 인터뷰[10]에서 책에 실린 사진의 약 90퍼센트는 "진짜라고 볼 수 있는 것들이다. 즉 해당 텍스트에 묘사된 인물들의 실제 사진첩에서 나온 것으로, 그 인물들이 특정한 형태와 모습으로 존재했다는 직접적인 증거"라고 말한 바 있다. 실제로 제발트는 1970년에 셀윈 박사를 직접 만났고 파울 베라이터는 제발트가 다닌 초등학교의 교사였으며, 그의 외삼촌 할아버지인 아델바르트는 1920년대에 미국으로 이민을 왔고 막스 페르버는 프랭크 아우어바흐의 삶을 모델로 삼았다.

이 모든 사실들이 제발트가 미묘하고 모호하고 허구적인 방식들로 다큐멘터리적 증거를 풍성하게 만들지 않았음을 암시하는 것은 아니다. 그 미묘한 요소 중에는 이민자로서 그가 천착해온 대상들과의 관계도 포함된다. 헨리 셀윈과 막스 페르버는 본질적으로 20세기 유대인 이주의 물결에서 파생된 정치 난민이었고 아델바르트는 경제적 이유로 인한 이민자였으며 내적 이민자인 파울 베라이터는 전후 독일의 생존자였지만 결국엔 살아남지 못했다. 그렇다면 제발트는 어땠을까? 그 인물들과 비교해서 그의 이민은 단조롭게 진행된 것처럼 보인다. 공식적으로 그는 원한다면 언제든지 고향으로 돌아갈 수 있었다. 하지만 그는 아마도 정치적 이유에서 고향으로 다시는 돌아갈 수 없다고, 1960년대까지도 전후 상황이 계속되고 있는 독일에 혐오감을 느껴 절대 돌아갈 수 없다고 마음먹었을 것이다.

제발트는 《이민자들》에서 유령처럼 존재한다. 우리는 영국에 있는 독일 학자의 모습을 살짝 엿볼 수 있을 뿐이다. 하지만 다른 방식으로, 이 작가는 강한 존재감을 보이며, 절제된 감정의 범위 안에서 꾸준히 자기주장을 함으로써 자신을 드러낸다. 자기 자리를 잘 잡고 있는 것처럼 보이는 이 교수는 누구인가? 누가 자기 연구 대상들의 삶에 완전히 사로잡혀서 그들의 친척들을 인터뷰하고, 그들의 자료를 뒤지고, 사진첩을 찡그린 눈으로 들여다보고, 그들의 여정을 뒤쫓아 유럽과 대서양을 가로지르고 있는가? 헨리 셀윈 박사에 관한 첫 번째 이야기에는 다음과 같은 아름다운 순간이 묘사되고 있다. 제발트가 자신의 느슨한 실향 상태를 잠깐 언급했다가 곧바로 상대에게 시선을 돌려 비극의 서사를 정중하게 양보하는 장면이다.

> 클라라가 시내에 가고 없던 어느 날, 셀윈 박사가 다시 우리 집을 찾았다. 그는 내게 고향이 그립지 않느냐고 물었는데, 이 질문을 계기로 우리는 긴 대화를 나누었다. 내가 적절한 답을 찾지 못하자, 셀윈 박사는 잠시 생각에 잠겼다가 지난 몇 년 사이에 고향 생각이 점점 더 많이 난다고 고백했다. 그의 이야기는 고백이라고 표현할 수밖에 없는 내용이었다.[11]

이어서 제발트는 셀윈 박사가 일곱 살에 떠나야 했던 리투아니아 마을에 대한 향수를 묘사한다. 우리는 그가 말을 타고 역까지 가서 다시 기차를 타고 리가*로 갔다가 리가에서 배를 타고 어떤 넓은 강 하구에 도착하는 이야기를 듣게 된다.

> 이민자들 모두가 갑판에 모여 안갯속에서 자유의 여신상이 모습을 드러내길 기다렸지요. 모두가 아메리쿰―우리는 미국을 그렇게 불렀습니다―으로 가는 표를 샀으니까요. 육지에 발을 내려놓았을 때에도 우리는 신세계의 땅, 약속의 도시 뉴욕 땅을 밟고 있다고 철석같이 믿었지요. 타고 온 배가 다시 떠난 지 한참 뒤에야 우리는 실망스럽게도 우리가 도착한 곳이 런던의 해안가라는 사실을 알게 되었습니다.[12]

제발트의 향수병이 셀윈의 향수병이 되고 더 거대한 서사의 더 예리한 서술에 흡수되는 방식은

* 리투아니아의 접경국인 라트비아의 수도.

사뭇 감동적이다. 우리는 제발트가 고통을 삼키며 "나는 적절한 대답을 찾을 수 없었다"라고 말하면서 한쪽으로 조심스럽게 밀어놓은 고뇌를 짐작만 할 뿐이다. 또한 제발트의 언어에는 가슴 저리게 단절된 정서, 심지어 어디에도 뿌리 내리지 못한 것 같은 무언가가 있는데, 이처럼 독특하고 과묵하고 고풍스러운 문체가 될 수 있었던 이유는 아마도 번역가인 마이클 헐스가 영어로 재창조하고 이중 언어 사용자인 제발트 자신이 공들여 다듬었기 때문일 것이다.

제발트는 향수병과 실향의 차이, 느슨한 실향과 실향의 차이를 알고 있는 듯하다. 고뇌가 있다면 그만큼의 신중함도 있다. 나의 상실이 어떻게 당신의 상실과 **적절한 방식으로** 비교될 수 있겠는가? 망명이 종종 절대적 분리로 특징지어지는 반면, 느슨한 실향은 지금의 상태가 확실히 잠정적이라는 감각, 즉 끝나지 않을 떠남과 귀환의 구조로 특징지어진다. 이러한 감각은 알렉산다르 헤몬의 작품에서 강력한 모티브가 된다. 그는 1992년에 사라예보에서 미국으로 온 뒤에야 고국이 포위되어 돌아갈 수 없게 되었다는 것을 알게 되었다. 헤몬은 미국에 머물면서 나보코프 스타일의 빼어난 영어 글쓰기를 배웠고(경이로울 정도로 짧은 시간 안에 영어를 숙달했기 때문에 사실상 나보코프보다 더 대단한 업적이었다), 2000년에 첫 책 《브루노의 질문》을 출간했다(그의 아내와 사라예보에 헌정했다). 보스니아 전쟁이 끝났을 때 헤몬은 고향으로 돌아갈 수도 있었을 것이다. 선택할 수 없었던 일이 선택할 수 있는 일이 되었고, 그는 미국 작가가 되기로 했다.

헤몬의 작품에는 출발과 귀환이 모두 들어 있다. 중편소설 〈길 잃은 요제프 프로넥과 죽은 영혼들〉에서 프로넥은 교환 학생 프로그램으로 미국에 온다. 헤몬과 마찬가지로 프로넥도 사라예보에서 왔고 고국의 내전으로 인해 미국에 체류할 수밖에 없다. 그는 미국이 저속함과 무지로 가득하며, 현혹적이고 소외감을 주는 장소라고 느낀다. 이야기 후반부에서 그가 사라예보로 돌아갈 때 독자는 그가 사라예보에 머물 것이라고 예상한다. 비록 도시는 파괴되었고 익숙한 상징 건축물들도 사라졌지만 그가 "모든 장소에 이름이 있고, 그 장소 안의 모든 사람과 모든 사물에 이름이 있으며, 모든 장소에 무언가가 있으므로 어딘가에 존재할 수밖에 없는"[13] '진정한 고향'으로 돌아온 것처럼 보이기 때문이다. 사라예보는 이름과 사물, 단어와 지시 대상이 원천적으로 통합된 장소처럼 보인다. 그는 부모님의 아파트를 둘러보면서 집 안에 있는 모든 물건들을 만져본다.

> 깨끗한 줄무늬 식탁보, 상아색 버튼 일곱 개가 달려 있고 도널드 덕 스티커가 붙어 있는 라디오, 웃는 표정의 아프리카 가면들, 구석의 녹슨 철제 난로에 불을 지필 때 뜯겨나간 마룻바닥, 그 부분을 가리기 위해 깔아둔 복잡하고 친숙한 기하학적 무늬에 찍히고 긁힌 자국투성이 카펫, 작은 커피잔과 커피 그라인더와 숟가락들, 파편을 맞아 군데군데가 찢긴 아버지의 눅눅한 양복…'.[14]

하지만 요제프는 그곳에 머물지 않고, 소설이 끝날 무렵 우리는 미국행 비행기를 타기 위해 빈 Vienna 공항에 앉아 있는 그를 보게 되다 그는 비행기로 시카고에 가고 싶지 않았다. 그는 빈에서 대서양 연안까지 걸어간 다음 대서양을 횡단하는 느린 증기선에 올라타는 모습을 상상했다. 바다를 건너는 데 약 한 달이 걸릴 테고, 그는 육지도 국경도 없는 바다 위에 있을 것이다. 그러다 자유의 여신상을 볼 것이고 시카고까지 천천히 걸어갈 것이며, 원하기만 한다면 어디서든지 멈춰서 사람들과 이야기하고, 머나먼 나라에 대한 이야기를 들려줄 것이다. 꿀과 피클을 먹는 사람들이 사는 나라, 아무도 물에 얼음을 넣지 않으며 비둘기가 부엌 찬장에 둥지를 트는 나라의 이야기를 들려줄 것이다.[15]

비행기를 타는 것은 실존적으로 깊이를 느끼지 못하게 하며, 그보다 더 느린 여정이 변화의 무게와 엄숙함을 온전히 느끼게 해주는 것처럼 말하고 있다. 프로넥은 미국으로 돌아가지만 마음속에 품은 자신의 고향도 가져가야 하고, 보스니아와 슬로바키아를 쉽게 혼동하며 전쟁을 '수천 년의 증오'로 치부하는 사람들은 이해할 수 없는 이야기들,

이를테면 부엌 찬장 위의 비둘기, 꿀과 피클을 먹는 사람들에 대한 이야기를 해주기 위해 노력해야만 한다. 그와 동시에 그는 미국에서 새로운 터전을 마련한다. 혹은 그러지 못할 수도 있다. 그는 미국에 머물겠지만 물에 얼음을 넣는 것이 어리석은 사치라는 생각을 결코 떨쳐내지 못할 것이기 때문이다. 그리고 헤몬은 비록 다른 방식이긴 하지만 제발트와 마찬가지로 매끄러운 영어 문장을 구사하지 않는다. 즉 그의 산문에서는 미세한 실향의 정서가 느껴진다. 그의 스승인 나보코프처럼 그 역시 이민자 특유의 언어유희를 즐기며, '얼빠진vacuous'이나 '겁에 질린petrified'처럼 영어에서는 진부해진 단어들의 숨겨진 의미를 발견해 생명을 불어넣는다. 가령, 그가 묘사하는 한 인물은 '현자의 수염sagely beard'을 가졌고 또 다른 인물은 '창문 같은 안경fenestral glasses'을 썼다. 차는 '청초한limpid'이라는 단어로 묘사된다.

망명은 급격하고 거대하고 변혁적이지만 느슨한 실향은 떠남과 귀환이라는 축을 따라 움직이기 때문에 평범할 수도 있고 환영받을 수도 있으며, 필요할 수도 있고 계속될 수도 있다. 지방에서 대도시로의 여정이 있고, 한 사회 계급에서 다른 계급으로의 이동이 있다. 말하자면, 나의 어머니가 스코틀랜드에서 영국으로 온 여정이 있었고, 나의 아버지가 노동 계급에서 중산층으로 이동한 여정이 있었으며, 더럼을 떠나 런던으로 향했던 나의 길지 않은 운전이 있었다. 《무지개》에서 어슐라 브랑윈은 고향 미들랜드를 떠나 킹스턴어폰템스로 가서 교사를 하겠다며 부모와 다툰다. 어슐라의 아버지는 이를 비꼬며 "런던 저편으로 춤을 추며 떠나는 것"[16]이라고 말한다.

우리 대부분은 적어도 한 번은 집을 떠난다. 떠나야만 하는 필연적 이유가 있고, 돌아오려 할 때의 어려움이 있다. 시간이 흘러 인생의 후반에 이른 부모님이 쇠약해지기 시작했을 때에는 다시 돌아와야 할 이유가 생기기도 한다. 세속적 실향은 망명이 지닌 고유의 극단성이나 성경에 나오는 디아스포라의 선택받음이 아니라 불가피한 일상적 상태일지 모른다. 세속적 실향은 에덴에서 항상 일어나야 할 일일 뿐 아니라 인생을 살아가며 일어나고 또 일어날 수 밖에 없는 일이다. 이스마일 카다레의 위대한 소설 《돌의 연대기》의 말미에는 "기념 명판 초안"이라는 제목이 붙은 아름다운 글이 있다. 카다레는 1936년에 알바니아 남부 지로카스터르에서 태어났지만 작가 생활의 대부분은 파리에서 했다. 《돌의 연대기》는 그가 두고 온 도시에 바치는 유쾌하고 코믹한 헌사이다. 책의 마지막에서 카다레는 고향을 향해 말을 건넨다. "나는 종종 외국 도시들의 넓고 환한 대로를 걷다가 어쩐 일인지 아무도 걸려 넘어지지 않는 곳에서 휘청거릴 때가 있다. 행인들이 놀라서 돌아보지만 나는 그것이 항상 너라는 사실을 안다. 너는 불현듯 아스팔트에서 솟아올랐다가 곧바로 다시 가라앉는다."[17] 이 문장은 마르셀이 게르망트 공작의 저택 안뜰을 걷다가 울퉁불퉁한 돌부리에 걸려 넘어질 뻔했을 때 불현듯 자신의 기억을 떠올린 프루스트적 순간을 카다레가 소박한 버전으로 표현한 것이다.

휘청대지 않았다면 아무것도 기억하지 못했을 것이다. 젊은 시절의 카다레가 알바니아에 살고 있을 때 자신이 파리에서 사는 모습을 상상할 수 없었던 것처럼, 이 이민자 작가에게 있어서 지로카스터로 돌아가는 것은 절대 상상할 수 없는 일이다. 하지만 휘청거림이 단 한 번도 없는 삶 또한 상상할 수 없다. 두 장소 사이에 있다는 것, 둘 중 어디에서도 편안함을 느끼지 못한다는 것은 피할 수 없는 타락 상태이며, 이는 어느 한 장소에서 편안함을 느끼는 것만큼이나 자연스러운 것일지 모른다.

III

거의 그렇다. 하지만 꼭 그렇지도 않다. 십팔 년 전에 영국을 떠났을 때, 나는 그 떠남이 얼마나 이상한 방식으로 귀환을 지워버릴지 알지 못했다. 어찌 알았겠는가? 이는 시간이 줄 수 있는 교훈이고 어

• 마르셀 프루스트의 《잃어버린 시간을 찾아서 7부: 되찾은 시간》에 등장하는 유명한 장면. 마르셀은 돌부리에 걸려 휘청인 순간 과거의 경험들이 생생하게 되살아나고 과거와 현재가 동시에 존재한다고 느끼며, 자신이 이러한 경험과 사건을 있는 그대로 묘사하는 예술가로서의 사명, 즉 글쓰기라는 사명을 부여받았다고 생각하게 된다. 이 장면은 같은 작품 1부 《스완네 집 쪽으로》에 등장하는 '마들렌과 홍차'가 불러일으킨 기억 에피소드와 함께 이 작품의 핵심 주제를 관통한다.

세속적 실향

느 날 문득 깨닫게 되는 일이다. 태어난 나라에서 그렇게 오래 떨어져 살아온 것이 특수하고 심지어 약간 씁쓸하기도 한 이유는, 내가 오래전에 큰 결정을 했다는 사실이 서서히 드러나게 되지만 정작 그 당시에는 그렇게 느끼지 못했고, 이를 깨닫는 데 수년이 걸렸다는 점이다. 그 결정을 회고하면서 이해하는 과정이 사실은 하나의 삶을 구성하며, 이것이 바로 우리가 인생을 살아가는 방식이라 할 수 있다. 프로이트는 '사후성'[18]이라는 훌륭한 용어*를 만들어냈는데, 나는 프로이트와는 아주 다른 맥락에서, 심지어 훔쳤다는 말을 들을지언정, 이 단어를 빌려오고자 한다. 고향과 고향으로부터의 떠남을 생각하는 것, 고향으로 돌아가지 않는 것과 다시는 고향으로 갈 수 없다고 생각하는 이 모든 것은 '사후성'이라는 놀라운 감각으로 가득 채워져 있다. 즉 이제는 무언가를 하기에는 너무 늦었고, 무엇을 해야만 했는지 알기에도 너무 늦었다. 그리고 그 또

* 성적, 외상적 의미를 뒤늦게 이해하거나 무의식에 남아 있던 오래전 흔적에 새로운 사건을 소급하여 재배열, 재기록하는 것. 지연 작용, 회고 작용이라고도 한다.

한 괜찮을지도 모른다.

나의 스코틀랜드 외할머니는 양손을 등 뒤에 숨긴 채 방으로 들어와 어느 손에 사탕이 있는지 맞히는 놀이를 하곤 하셨다. "너희들 어떤 손 할래? 맞는 손? 틀린 손?" 어린아이일 때는 이 선택이 얼마나 중요했는지 모른다. **무슨 수를 써서라도** 아무것도 없는 '틀린 손'이 주는 어마어마한 실망을 피해야만 했다.

나는 어느 쪽을 선택했던 걸까?

감사의 말

이 책의 처음 세 장은 2013년 4월 브렌다이스 대학교 만델 인문학 센터에서 열린 강연의 원고를 약간 다른 형식으로 정리한 것이다. 이 강연을 요청해준 대학과 센터장인 라미 타르고프 교수, 따뜻하게 환대해준 진행자 마이클 윌리히 교수에게도 감사드린다. 1장의 일부 버전은 《뉴요커》에, 2장과 3장의 축약본은 《미시간 쿼터리 리뷰》와 《엔플러스원》에 게재되었다. 지원을 아끼지 않은 이 잡지들의 편집자들에게 감사드린다.

 4장 또한 처음에는 강연을 통해 발표되었다. 2014년 2월 브리티시 박물관과 《런던 리뷰 오브 북스》가 공동으로 주최한 자리였다. 그 후에 이 글은 《런던 리뷰 오브 북스》에 게재되었다. 훌륭한 강당을 사용하게 해준 박물관 관장, 강연을 요청해준 진행자이자 너그러운 편집자인 《런던 리뷰 오브 북스》의 편집장 메리 케이 윌머스에게 깊이 감사드린다.

  마크 그리프는 친절하게도 자신의 에세이 〈사용할 수 있는 모든 것All There is to Use〉이 수록된 책이 출간되기 전에 원고를 보내주었고, 매튜 애덤스는 우연치 않게도 나보코프의 《문학 강의》에서 발췌한 구절을 제공해주었다. 두 사람이 이 책의 모든 내용에 동의하지 않더라도 그들에게 감사를 표하고 싶다.

주

'왜'라는 질문

1 'Literature and the Right to Death', trans. Lydia Davis, in Maurice Blanchot, *The Work of Fire* (Stanford University Press, 1995), 337. 원제는 'La Littérature et le droit à la mort', *La part du feu*.

2 D. H. Lawrence, *The Rainbow* (Penguin Classics, 2007), 178. 데이비드 허버트 로렌스, 김정매 옮김, 《무지개》(민음사, 2006).

3 Lawrence, 같은 책, 421.

4 표도르 도스토옙스키, 《카라마조프가의 형제

들》 11편을 보라.

5 Thomas Mann, *Essays of Three Decades*, trans. H. T. Lowe-Porter (Knopf, 1976), 330. 토마스 만, 안인희 옮김, 〈리하르트 바그너의 고난과 위대함〉, 《바그너와 우리 시대》(포노, 2022).

6 Coleridge, *Biographia Literaria*, ed. Nigel Leask (Everyman/Dent, 1997), 293. 새뮤얼 테일러 콜리지, 김정근 옮김, 《문학 평전》(옴니북스, 2003).

7 Cervantes, *Don Quixote*, trans. John Rutherford (Penguin Classics, 2000), 980. 미겔 데 세르반테스 사아베드라, 안영옥 옮김, 《돈키호테》(열린책들, 2014).

8 1620년 1월 7일, 해링턴하우스에서 베드퍼드 백작부인Countess of Bedford에게 전한 설교. 존 던의 저작 4권, 설교 제111편. 전문은 다음 웹페이지에서 확인할 수 있다.

https://www.biblestudytools.com/classics/the-works-of-john-donne-vol-4/sermon-cxi.html.

[2025년 11월 30일 한국어판 편집 시 접속 재확인]

9   Walter Benjamin, 'The Storyteller', in *Illuminations*, trans. Harry Zohn (Fontana, 1973), 83-109. 발터 벤야민, 최성만 옮김, 〈이야기꾼: 니콜라이 레스코프의 작품에 대한 고찰〉, 《서사 기억 비평의 자리》(길, 2012).

10 Thomas Bernhard, *The Loser*, trans. Jack Dawson (Vintage, 2006), 40. 토마스 베른하르트, 박인원 옮김, 《몰락하는 자》(문학동네, 2011).

11 Vladimir Nabokov, *Strong Opinions* (Vintage, 1990), 93.

12 V. S. Naipaul, *A House for Mr Biswas* (Vintage, 2001), 174. V. S. 나이폴, 손나경 옮김, 《비스와스 씨를 위한 집》(문학과지성사, 2014).

13 Penelope Fitzgerald, *The Blue Flower* (Mariner Books, 1995), 80. 피넬로피 피츠제럴드, 김진준 옮김, 《푸른 꽃》(문학사상사, 1999).

14 Fitzgerald, 같은 책, 161.

15 Fitzgerald, 같은 책, 226.

16 Robin Lane Fox, *The Unauthorized Version: Truth and Fiction in The Bible* (Knopf, 1992), 404. "그

약성서에서 우연한 죽음은 단 한 번 나오는데, 자다가 질식해서 죽은 창녀의 아기에 대한 이야기다. 그 죽음은 솔로몬 왕의 판결 이야기에서 부수적인 사건으로 다뤄진다. 질병조차도 하느님이 내린 형벌이거나 하느님의 사람들이 의도적으로 행하는 치유 행위를 위한 신호이다. 하느님이 모든 사건의 능동적인 원인은 아닐지라도 그는 매 순간 존재하는 대리인이며 세계는 그의 피조물이기 때문이다."

17 Italo Calvino, *Mr Palomar* (Vintage Classics, 1999), 111. 이탈로 칼비노, 김운찬 옮김, 《팔로마르》(민음사, 2016).

진지한 관찰

1 Anton Chekhov, 'The Kiss', in *Early Stories*, trans. Patrick Miles and Harvey Pitcher (Oxford, 1994), 172. 안톤 파블로비치 체호프, 승주연 옮김, 《낯선 여인의 키스》(녹색광선, 2024).

2   Henry Green, *Loving* (Penguin, 1978), 76.

3   Green, 같은 책, 79.

4   Green, 같은 책, 121.

5   'Crimond', in *Hill of Doors* (Picador, 2013), 63.

6   Aleksandar Hemon, 'Exchange of Pleasant Words', in *The Question of Bruno: Stories* (Vintage, 2001), 111.

7   John Berger, *Berger on Drawing*, ed. Jim Savage (Occasional Press, 2005), 71.

8   Leo Tolstoy, *War and Peace*, trans. Richard Pevear and Larissa Volokhonsky (Knopf, 2007), 422. 인용한 문장은 레프 니콜라예비치 톨스토이, 연진희 옮김, 《전쟁과 평화》(민음사, 2018) 2권 3부 3장에 나온다.

9   Jean-Paul Sartre, *Nausea*, trans. Robert Baldick (Penguin, 2000), 186. 장 폴 사르트르, 방곤 옮김, 《구토》(문예출판사, 1999).

10 Karl Ove Knausgaard, *My Struggle: Book Three*, trans. Don Bartlett (Archipelago, 2014), 80. 칼 오베 크나우스고르, 손희수 옮김, 《나의 투쟁》

(한길사, 2016).

11　Saul Bellow, *Seize the Day* (Penguin, 1996), 100. 솔 벨로, 김진준 옮김,《오늘을 잡아라》(문학동네, 2022).

12　Bellow, 같은 책, 107.

13　'Kangaroo', in D. H. Lawrence, *The Complete Poems* (Penguin, 1971), 393.

14　Aleksandar Hemon, *The Question of Bruno: Stories* (Vintage, 2001), 89.

15　'Letter to N. Y.', in Elizabeth Bishop, *The Complete Poems* (The Hogarth Press, 1984), 80.

16　Adam Foulds, *The Quickening Maze* (Penguin, 2010), 51.

17　Vladimir Nabokov, *Pnin* (Penguin, 1960), 52-3: "인부들이 와서 프닌그라드 브레인팬가街의 도로에 구멍을 뚫었다 메웠다 하며 덜덜 떠는 검은색 지그재그 발작과 갑작스러운 짧은 중단이 반복되는 공사가 몇 주 동안 계속되었는데, 그들이 실수로 묻어버린 값비싼 장비는 영영 찾지 못할 것 같았다." 블라디미르 나보코

프, 김정아 옮김, 《프닌》(문학과지성사, 2023).

18　Knausgaard, 같은 책, 386.

19　'Something to Remember Me By', in Saul Bellow, *Collected Stories* (Penguin, 2001), 435.

20　Vladimir Nabokov, *Lectures on Literature* (Harcourt Brace, 1980), 2.

21　'Of Cruelty', in Michel de Montaigne, *The Complete Works*, trans. Donald M. Frame (Everyman's Library, 2003), 375. 미셸 드 몽테뉴, 심민화 옮김, 《에세 2》(민음사, 2022).

22　Saul Bellow, *Herzog* (Penguin, 1965), 113. 솔 벨로, 이태동 옮김, 《허조그》(펭귄클래식코리아, 2011).

23　Rachel Kushner, *The Flamethrowers* (Scribner, 2013), 56.

24　Marilynne Robinson, *Housekeeping* (Picador, 2004), 124. 메릴린 로빈슨, 유향란 옮김, 《하우스키핑》(마로니에북스, 2013).

25　같은 책, 194.

26　Walter Benjamin and Theodor Adorno, *The*

Complete Correspondence, 1928-1940 (Polity, 2003), 66-71. 발터 벤야민, 최성만 옮김, 〈테오도르 W. 아도르노와의 서신교환에서〉, 《카프카와 현대》(길, 2020).

27 Theodor Adorno, *Negative Dialectics* (Continuum, 1973), 27-8. 테오도어 W. 아도르노, 홍승용 옮김, 《부정변증법》(한길사, 1999).

모든 것을 사용하기

1 *Novels and Novelists: A Guide to the World of Fiction*, ed. Martin Seymour-Smith (Windward Books/W.H. Smith, 1980), 84-5. 이하 모든 참조는 이 판본을 기준으로 함.

2 see Coleridge, *Biographia Literaria*, Chapter 15, 186. 새뮤얼 테일러 콜리지, 《문학 평전》 15장을 보라. "이러한 원칙들을 실제 비평practical criticism의 목적에 적용하는 데 있어서 (…) 나는 시의 특성이 무엇인지 발견하고자 노력했다."

3   Mark Greif, 'All There is to Use', in *The Critical Pulse: Thirty-Six Credos by Contemporary Critics*, ed. Heather Steffen and Jeffrey J. Williams (Columbia University Press, 2012), 237-44.

4   'On the Knocking at the Gate in Macbeth', in Thomas De Quincey, *On Murder* (Oxford University Press, 2006), 3-7. 토머스 드 퀸시, 유나영 옮김,《예술 분과로서의 살인》(워크룸프레스, 2014).

5   Eudora Welty, *The Eye of the Story* (Vintage, 1990), 139.

6   *Specimens of the Table Talk of the late Samuel Taylor Coleridge*, Volume 1 (John Murray, 1835), 178.

7   'Honoré de Balzac', in Henry James, *The Critical Muse: Selected Literary Criticism*, ed. Roger Gard (Penguin, 1987), 352. 발자크에 관한 에세이는 1902년에 처음 발표되었다. 1893년에 제임스는 플로베르에 관한 에세이에서 이 표현을 이른바 시험 삼아 썼다. "그[플로베르]는 진정으

로 베네딕트회 수도사가 지닌 바로 그 기질로 만들어진 것 같다."(*The Critical Muse*, 308) 두 번째가 운이 좋았다.

8   'Fordie', in V. S. Pritchett, *The Complete Essays* (Chatto & Windus, 1991), 565.

9   see Ted Cohen, *Thinking of Others: On the Talent for Metaphor* (Princeton University Press, 2008). 이하 모든 참조는 이 판본을 기준으로 함.

10 Virginia Woolf, *Roger Fry: A Biography* (Harvest/Harcourt, 1976), 262-3.

세속적 실향

1   Herodotus, The History, trans. David Grene (University of Chicago Press, 1987), 298. 헤로도토스, 천병희 옮김, 《역사》(숲, 2009).

2   Edward Said, *Reflections on Exile and Other Essays* (Harvard University Press, 2001), 173.

3   Patrick McGuinness, *Other People's Countries: A*

Journey into Memory (Jonathan Cape, 2014), 144.

4 Sergei Dovlatov, *A Foreign Woman* (Grove Press, 1991), 94. 세르게이 도블라토프, 서상국 옮김, 《외국 여자》(지식을만드는지식, 2012).

5 마르바흐 암 네카르에 위치한 독일 문학 아카이브Deutsches Literaturarchiv에서 열린 전시.

6 Said, 같은 책, 181.

7 'MCMXIV', in Philip Larkin, *Collected Poems* (Faber & Faber, 2003), 99.

8 *n+1*, Issue 17, Fall 2013.

9 V. S. Naipaul, *The Enigma of Arrival* (Vintage, 1988), 141: "왜냐하면 런던에서 나는 20세기 후반에 일어날 민족 대이동의 시작점에 있었기 때문이다. 이는 유럽인의 신세계 이주를 통해 본질적으로 이루어진 미국 인구의 형성보다 더 위대한 이동과 문화적 혼합이었다."

10 James Wood, 'An Interview with W. G. Sebald', *Brick* 59, Spring, 1998, 25. 이 인터뷰는 1997년 뉴욕에서 이루어졌으며, 다음 책에서도 찾아볼 수 있다 *The New Brick Reader*, ed. Tara

Quinn (House of Anansi Press, 2013), 8-16.

11 W. G. Sebald, *The Emigrants*, trans. Michael Hulse (New Directions, 1996), 18-19. W. G. 제발트, 이재영 옮김, 《이방인들》(창비, 2019).

12 Sebald, 같은 책, 19.

13 Hemon, 같은 책, 201.

14 Hemon, 같은 책, 203.

15 Hemon, 같은 책, 209.

16 Lawrence, 같은 책, 339.

17 Ismail Kadare, *Chronicle in Stone*, trans. Arshi Pipa, revised by David Bellos (Canongate, 2011), 301. 이스마일 카다레, 이창실 옮김, 《돌의 연대기》(문학동네, 2015).

18 특히 이 글을 보라. 'Notes on Afterwardness', in Jean Laplanche, *Essays on Otherness* (London, 1999).

찾아보기

ㄱ

가스, 윌리엄 128
갤런트, 마비스 194
고야, 프란시스코 데 141
곰브로비치, 비톨트 128
〈곰이 산을 넘어오다〉(먼로) 56
괴테, 요한 볼프강 폰 63
《구토》(사르트르) 99
굴드, 글렌 108, 109
《굶주림》(함순) 43
《그녀 발밑의 땅》(루슈디) 190
그라크, 줄리앙 141
그레이, 제인 128
그리프, 마크 142, 212
그린, 헨리 82, 85
글쓰기의 동일성 157

《기차의 꿈》(존슨, 데니스) 56
〈길 잃은 요제프 프로넥과 죽은 영혼들〉(헤몬) 202

ㄴ

〈나를 기억하게 하는 것〉(벨로) 113
나보코프, 블라디미르 49, 58, 59, 106, 114, 115, 124, 194, 202, 205, 212
《나의 투쟁》(크나우스고르) 102
나이폴, V. S. 59, 60, 132, 194
난민 172, 173, 177, 198
남 레 194
《네덜란드》(오닌) 193

노발리스(프리드리히 폰 하르덴베르크) 60, 66
느슨한 실향 195, 196, 199, 201, 205

ㄷ

다시 쓰는 사람 156
다이어, 제프 185, 194
다자이 오사무 128
《달과 불》(파베세) 131
던, 존 53
데사이, 키란 191
데이비스, 리디아 117
데이튼, 렌 125, 126, 136
도데, 알퐁스 128
도블라토프, 세르게이 178, 194
도스토옙스키, 표도르 34, 41, 44, 107, 108, 141
《도착의 수수께끼》(나이폴) 194
《돌의 연대기》(카다레) 207
《듄》(허버트) 123
드 퀸시, 토머스 142, 143, 144, 145, 146, 147, 148, 150, 153, 154
《등대로》(울프) 43, 51, 62, 159
디드로, 드니 108
디킨스, 찰스 124, 188
딕, 필립 K. 128

ㄹ

라블레, 프랑수아 150
라이버, 프리츠 128
라킨, 필립 126, 184
라흐만, 지아 하이더 194
《러빙》(그린) 82
레르몬토프, 미하일 49, 108
로렌스, D. H. 41, 105, 129
로버트슨, 로빈 90
로빈슨, 메릴린 118, 193
루리, 앨리슨 124
루슈디, 살만 190
루이스, 윈덤 134
루카치, 게오르크 183, 194
르 카레, 존 124
〈리하르트 바그너의 고난과 위대함〉(만) 45
릭스, 크리스토퍼 105

ㅁ

마리아스, 하비에르 59
마젠 191
만, 토마스 45
망명에 대한 성찰 171, 193
망명자 171, 172, 173, 183, 195
매큐언, 이언 59
맥기네스, 패트릭 175, 176, 193
《맥베스》(셰익스피어) 142, 145

찾아보기

⟨⟪맥베스⟫에서 문 두드리는 소리⟩(드 퀸시) 142
머독, 아이리스 130
먼로, 앨리스 56, 59
메드베데프, 키릴 192
메탈리우스, 그레이스 128
멜빌, 허먼 38, 128
모무스 48
⟪모비딕⟫(멜빌) 38
⟪몰락하는 자⟫(베른하르트) 57, 108
몽테뉴, 미셸 에켐 드 115, 116
무라카미 하루키 191
무신론 34, 39, 40, 41
⟪무지개⟫(로렌스) 41, 206
무질, 로베르트 133
⟨문법 질문⟩(데이비스) 117
⟪문학 평전⟫(콜리지) 48
⟪미니마 모랄리아⟫(아도르노) 172
⟪미들마치⟫(엘리엇) 133
⟪미루고 짜증 내도 괜찮아⟫(다이어) 185
미메시스 154
⟪미스터리⟫(함순) 133
미워시, 체스와프 141
미학적 성취 130, 137

ㅂ

바벨, 이사크 49
바움, 비키 128
바이어트, A. S. 128
발자크, 오노레 드 150
'배가 들어올 때' 186
버거, 존 97, 98, 106
버드, 윌리엄 166
버크, 케네스 142, 147
베른하르트, 토마스 57, 59, 65, 66, 108, 131
베인브리지, 베릴 125
베케트, 사뮈엘 178, 179
베토벤, 루트비히 판 160, 161
벤야민, 발터 54, 55, 118, 119, 141, 162
벨로, 솔 49, 103, 104, 113, 114, 117, 124
보들레르, 샤를 141
⟪부정변증법⟫(아도르노) 119
브렌델, 알프레드 160, 161, 162
브로드스키, 조지프 141
⟪브루노의 질문⟫(헤몬) 202
블랑쇼, 모리스 32, 56
비숍, 엘리자베스 105, 152
⟪비스와스 씨를 위한 집⟫(나이폴) 59
비요코, 주인 192

비전의 동일성 155, 156, 157, 159, 160
〈비판적 커뮤니케이션〉(아이젠버그) 154
비현실성 183
《빌헬름 마이스터의 수업시대》(괴테) 63
'빛으로 오신 주' 166

ㅅ
사라마구, 주제 59
사르트르, 장 폴 99, 100, 101, 102, 152
사이드, 에드워드 171, 172, 174, 183
사후성 209
삶다움 82, 102
삶의 잉여 116
상드, 조르주 134
샴지, 카밀라 192
선험적 실향 183, 194, 196
세르반테스, 미겔 데 41, 51, 52
셀라시, 타이에 193
셰익스피어 43, 85, 123, 140, 144, 147, 154, 156
《소설과 소설가들》(시모어 스미스) 123, 131, 133, 141
소크라테스 116
수브라마니안, 사만스 192

슈워츠, 델모어 134
스미스, 알리 141
스미스, 제이디 59, 141
스베보, 이탈로 128
스위프트, 조너선 150
스파크, 뮤리얼 43, 59, 63
시드니, 필립 140
시모어 스미스, 마틴 123, 132, 135
시몽, 클로드 134
시뮬라크르 82
시스켈, 진 132, 133
신정론 33, 34
심농, 조르주 176

ㅇ
아도르노, 테오도어 119, 172
아우구스티누스 33
아우어바흐, 프랭크 196, 197
《아이들을 사랑한 남자》(스테드, 크리스티나) 133
아이젠버그, 아놀드 154, 155, 156
《어느 영국인 아편 중독자의 고백》(드 퀸시) 147
《에피 브리스트》(폰타네) 130
《엔플러스원》 142, 190, 191, 193, 194, 211
엘리엇, 조지 58

《여인의 초상》(제임스) 49, 50, 133, 138
영지주의 33
예술가 겸 비평가 161
《오늘을 잡아라》(벨로) 49, 103
오닐, 조지프 193
오웰, 조지 93
《오픈 시티》(콜) 193
온다치, 마이클 191
완전 종지 165
《외국 여자》(도블라토프) 178
욥 33, 35, 37, 38, 53
《우리가 아는 것의 빛에서》(라흐만) 194
울프, 버지니아 43, 124, 141, 151, 152, 157, 159
워즈워스, 윌리엄 136
워즈워스, 존 136
월러스, 데이비드 포스터 141
웰티, 유도라 149
《위건 부두로 가는 길》(오웰) 93
윌슨, 슬로운 129
윌슨, 앵거스 129
윌슨, 에드먼드 129
윌슨, 에텔 129
윌슨, 콜린 129
〈유쾌한 말들의 교환〉(헤몬) 95
은유 39, 45, 105, 150, 151, 152, 153, 155, 156
은유 재능 152
이건, 제니퍼 59
이민자 170, 172, 173, 177, 178, 193, 194, 195, 196, 197, 198, 200, 205, 208
《이민자들》(제발트) 196, 197, 198
《이반 일리치의 죽음》(톨스토이) 56
이버트, 로저 132, 133
〈이야기꾼〉(벤야민) 54, 55
이주자 172, 173, 174, 177
〈입맞춤〉(체호프) 73, 79, 83, 84
《입크리스 파일》(데이튼) 125

ㅈ

자기의식 101
자기지양 101
자렐, 랜달 141
자발적 실향 172
자유의지론 33
작가 비평 138, 141
작가적 전지성 57
〈잔인성에 대하여〉(몽테뉴) 115
재서술 149
재창조 114, 161, 201
《전쟁과 평화》(톨스토이) 98, 116

제발트, W. G. 193, 195, 196,
　197, 198, 199, 200, 201, 205
제임스, 헨리 49, 50, 124, 150
존스, 에드워드 P. 59
존슨, 데니스 56
존슨, 새뮤얼 140
주의 깊음 118, 119
진정한 고향 171, 172, 174, 203

ㅊ
차우드리, 아밋 194
《채털리 부인의 연인》(로렌스)
　41
처칠, 윈스턴(소설가) 128
체호프, 안톤 파블로비치 73,
　74, 76, 77, 78, 79, 80, 81, 83,
　109, 133, 135, 136

ㅋ
카다레, 이스마일 207
《카라마조프가의 형제들》(도스
　토옙스키) 34
카프카, 프란츠 119, 131, 141
칼비노, 이탈로 43, 69, 70
코언, 테드 152, 153, 154, 155
코코슈카, 오스카어 112, 113,
　115
콜, 테주 193
콜리지, 새뮤얼 테일러 48,
　141, 150, 154
쿠시너, 레이첼 117
쿤데라, 밀란 141
쿳시, J. M. 191
크나우스고르, 칼 오베 102,
　110
키르케고르, 쇠렌 35, 36
키슈, 다닐로 59

ㅌ
《타인들의 나라》(맥기네스)
　175, 193
《타인을 생각하기》(코언) 152
《타임스 리터러리 서플먼트》
　139, 140, 151
탈리스, 토마스 166, 167, 168
탈식민주의 문학 192
톨스토이, 레프 니콜라예비치
　43, 99, 102, 116, 124
트웨인, 마크 124
《특성 없는 남자》(무질) 133

ㅍ
파묵, 오르한 191
파베세, 체사레 131
파울즈, 존 124
《팔로마르》(칼비노) 43, 69, 70
퍼튼햄, 조지 140
페란테, 엘레나 192

《페르디두르케》(곰브로비치) 128
《페이턴 플레이스》(메탈리우스) 128
포드, 포드 매덕스 151
〈포사이트가 이야기〉 (TV 드라마) 189
포스트모더니즘 137
폭스, 로빈 레인 68
폰타네, 테오도어 128, 130
폴즈, 애덤 105
《푸른 꽃》(피츠제럴드) 60, 62, 65, 66, 68
《프닌》(나보코프) 49, 106
프라이, 로저 157, 159, 160
프랜시스, 딕 128
프로메테우스 48, 106
프로이트, 지그문트 209
프루스트, 마르셀 131, 133, 141, 207, 208
프리체트, V. S. 141, 151
플로베르, 귀스타브 58, 151
피란델로, 루이지 133
피츠제럴드, 피넬로피 59, 60, 61, 62, 63, 64, 66
필딩, 헨리 58

ㅎ

히드익, 엘리자베스 141
하미드, 모신 191
《하우스키핑》(로빈슨) 118
하우스홀드, 제프리 128
《한밤의 아이들》(루슈디) 190
함순, 크누트 133
해즐릿, 윌리엄 140
해체주의 137, 138
향수병 173, 200, 201
《허조그》(벨로) 117
헐스, 마이클 197, 201
헤로도토스 169
헤몬, 알렉산다르 95, 96, 105, 193, 201, 202, 205
헤밍웨이, 어니스트 124
《호빗》(톨킨) 123
《화산 아래서》(라우리) 133
《회색 플란넬 양복을 입은 남자》(윌슨, 슬로운) 129
후기구조주의 138
히친스, 크리스토퍼 177

옮긴이 노지양

영문학을 전공하고 졸업 후 KBS와 EBS에서 라디오 방송 작가로 일하다 번역가가 되었다. 《괴물들》, 《사나운 애착》, 《헝거》, 《메리는 입고 싶은 옷을 입어요》 등 다양한 장르의 영미권 도서 100여 권을 옮겼다. 에세이 《먹고사는 게 전부가 아닌 날도 있어서》, 《오늘의 리듬》, 《우리는 아름답게 어긋나지》(공저) 등을 썼다.

인생에 가장 가까운 것

2025년 12월 15일 초판 1쇄 발행
2026년 1월 15일 초판 2쇄 발행

지은이	제임스 우드
옮긴이	노지양

펴낸곳	도서출판 아를
등록	제406-2019-000044호 (2019년 5월 2일)
주소	10881 경기도 파주시 문발로 139, 407호
전화	031-942-1832
팩스	0303-3445-1832
이메일	press.arles@gmail.com

한국어판 © 도서출판 아를 2025
ISBN 979-11-93955-11-6 03800

이 책은 저작권법에 의해 보호받는 저작물이므로 무단 전재와 복제를 금합니다.
이 책 내용의 전부 또는 일부를 이용하려면 반드시 저작권자와 도서출판 아를의 서면 동의를 받아야 합니다.

• 책값은 뒤표지에 표시되어 있습니다.
• 잘못된 책은 구입하신 서점에서 교환해드립니다.

아를ARLES은 빈센트 반 고흐가 사랑한 남프랑스의 도시입니다.
아를 출판사의 책은 사유하는 일상의 기쁨, 아름다움을 발견하는 즐거움을 드립니다.
◦ 페이스북 @pressarles ◦ 인스타그램 @pressarles ◦ 트위터(X) @press.arles